L'INTELLIGENCE ÉMOTIONNELLE

RENFORCER L'ESTIME DE SOI, L'AUTODISCIPLINE ET LA PENSÉE POSITIVE, GÉRER L'ANXIÉTÉ ET LE STRESS LANGAGE CORPOREL

PNL, TCC, PSYCHOLOGIE NOIRE ET MANIPULATION

PAUL GASSET

ISBN : 978-2-9589951-3-3

Livre 1 : L'estime de soi

Chapitre 1 : Comprendre l'estime de soi

1.1 Définition de l'estime de soi

Lorsqu'on parle d'estime de soi, on ne parle pas d'une idée abstraite ou d'une quête lointaine. On parle plutôt de la manière dont on se perçoit, de la valeur qu'on se donne et de la façon dont on se juge, dans notre quotidien, dans nos moments de solitude comme dans nos interactions avec les autres.

C'est un peu comme un thermomètre interne, qui indique la température de notre amour-propre, de notre respect pour nous-mêmes et de notre confiance en nous. C'est ce qui nous guide dans nos décisions, nous influence dans nos réactions et nous donne une indication sur la place que nous nous accordons dans le monde.

Mais l'estime de soi, ce n'est pas seulement le bon côté des choses. C'est aussi ce petit doute qui parfois nous assaille, cette petite voix critique qui peut nous freiner, cette appréhension qui peut nous empêcher de vivre pleinement nos vies. En somme, c'est un peu le miroir de notre âme, qui reflète aussi bien nos forces que nos faiblesses, et qui nous permet, si on apprend à bien l'écouter, de mieux nous comprendre et de grandir.

L'estime de soi, c'est un peu comme l'empreinte que nous laissons dans notre propre histoire. Elle oriente nos actions, notre manière de percevoir notre vie, et même les décisions que l'on prend.

Ce n'est pas juste une impression ou un ressenti qui vient et repart. Non, c'est un peu comme une trace qu'on grave dans le sable de notre quotidien.

1.2 Les différents types d'estime de soi

L'estime de soi est une dimension complexe et multifacette de notre identité.

Lorsque l'estime de soi est élevée

Une estime de soi élevée se traduit souvent par une confiance en soi profonde et en ses propres capacités. Cela ne signifie pas que la personne se croit invincible ou sans défauts, mais plutôt qu'elle a une perception réaliste de ses forces et ses faiblesses, et qu'elle croit en sa capacité à surmonter les obstacles et les défis.

Par exemple, un entrepreneur qui fait face à une phase difficile dans son entreprise, mais qui reste convaincu de sa vision et de ses compétences en matière de résolution de problèmes, démontre une estime de soi élevée.

Dans le contexte des relations interpersonnelles, une estime de soi élevée permet d'établir des limites saines et de s'affirmer dans le respect de soi et des autres.

Prenons l'exemple d'une personne dans une amitié ou une relation de couple : elle peut ne pas apprécier certaines attitudes ou comportements de l'autre, mais au lieu de les ignorer ou de se laisser traiter de manière inappropriée, elle exprime ses sentiments et ses besoins de manière assertive et respectueuse.

De plus, une estime de soi élevée favorise une plus grande résilience face aux échecs et aux rejets. Au lieu de voir ces expériences comme des reflets de leur valeur personnelle, les individus avec une estime de soi élevée les perçoivent comme des occasions d'apprentissage et de croissance.

Tel, un écrivain qui reçoit un refus d'une maison d'édition peut être déçu, mais s'il a une estime de soi élevée, il ne se laissera pas abattre par ce rejet. Au lieu de cela, il peut utiliser les commentaires pour améliorer son travail et persévérer dans sa passion pour l'écriture.

Lorsque l'estime de soi est plutôt négative

Une estime de soi négative peut se manifester par une vision déformée de soi-même et une tendance à se sous-estimer. On connaît tous ce musicien, très talentueux mais qui présente une faible estime de lui-même. Il a toujours tendance à minimiser ses réussites, amplifier ses erreurs, et douter constamment de sa capacité à exceller, malgré des retours positifs de son entourage ou de son public. Ce manque de confiance en soi peut entraver son développement et son épanouissement artistiques.

Dans les interactions sociales, une faible estime de soi peut conduire à des difficultés pour s'affirmer ou pour établir des limites.
Une personne ayant une estime de soi minimisée peut se trouver dans des situations où elle se sent mal à l'aise ou exploitée, mais elle a du mal à exprimer ses sentiments et ses besoins par crainte de déplaire ou de provoquer un conflit.
Tel un employé qui se sent surchargé de travail pourrait avoir peur de refuser des tâches supplémentaires, même si cela nuit à sa santé et à son bien-être.

Cette mauvaise estime de soi peut aussi augmenter la sensibilité au rejet et à l'échec.

Une personne avec une faible estime de soi peut percevoir un échec ou un rejet, non pas comme une occasion d'apprendre et de grandir, mais comme une confirmation de son sentiment d'insuffisance.

Par exemple, un aspirant écrivain qui reçoit une lettre de refus d'une maison d'édition pourrait interpréter ce rejet comme une preuve de son manque de talent, au lieu de le voir comme une étape normale du processus de publication.

Tout ceci peut avoir des conséquences sur la santé mentale et le bien-être général. Reconnaître le problème fait partie de la solution.

La faible estime de soi

La faible estime de soi peut se manifester par une perception dévalorisée de soi-même et une propension à minimiser ses réussites. Prenons le cas de Lisa, une cadre compétente et dévouée. Malgré son expérience et ses nombreuses réussites, Lisa doute constamment de ses compétences. Chaque nouvelle tâche ou défi la plonge dans l'anxiété, car elle craint de ne pas être à la hauteur, malgré les preuves passées de sa compétence.

De plus, une faible estime de soi peut aussi se traduire par une difficulté à accepter des compliments et une tendance à attribuer ses réussites à des facteurs externes plutôt qu'à ses propres efforts ou compétences. Lisa, par exemple, a tendance à attribuer ses succès à la chance ou à l'aide d'autres personnes, plutôt que de reconnaître son propre travail et ses compétences. Quand ses collègues la complimentent sur ses présentations bien conçues ou ses solutions innovantes, elle se dévalorise en pensant qu'ils sont simplement polis ou qu'ils surestiment son travail. La faible estime de soi peut rendre les personnes plus sensibles aux commentaires négatifs et à la critique. En raison de son insécurité, Lisa peut réagir fortement à la critique, même constructive, la percevant comme une confirmation de son insuffisance.

Au lieu de voir la critique comme une opportunité d'apprendre et de s'améliorer, elle la voit comme un reflet de ses échecs. Cette sensibilité accrue peut aggraver son anxiété et sa peur de l'échec, ce qui crée un cercle vicieux renforçant cette faible estime.

L'objectif n'est pas de juger ces différents états d'estime de soi, mais de les comprendre et de les apprivoiser. Car ce n'est qu'en acceptant ces diverses facettes de notre estime de soi que nous pouvons vraiment nous développer et nous épanouir.

1.3 Les facteurs influençant l'estime de soi

L'estime de soi, c'est comme un puzzle que l'on assemble au fur et à mesure. Plusieurs pièces jouent un rôle pour la former, certaines sont petites et discrètes, d'autres sont plus grandes et visibles.

Nos expériences de vie, comme les succès qu'on célèbre et les défis qu'on rencontre, sont des pièces majeures de ce puzzle. Elles nous aident à dessiner l'image que l'on a de nous-mêmes.

Parfois, ces expériences nous donnent l'impression d'être forts et capables, comme si on venait de gravir une montagne. D'autres fois, elles peuvent nous faire nous sentir fatigués et abattus, comme si on venait de courir un marathon sans fin. Nos relations avec les autres ont également un rôle important à jouer. Les mots de nos proches, leurs actions, leurs regards, peuvent se transformer en miroir, reflétant une image de nous qui peut nous élever, ou au contraire, nous diminuer. Et que dire de la société, avec ses attentes, ses normes, ses jugements ? Ce moule dans lequel on tente souvent de nous faire entrer peut parfois étouffer notre estime de soi, si nous n'y prenons pas garde. Enfin, notre dialogue intérieur est un acteur clé dans la formation de notre estime de soi. Les mots que nous murmurons à notre propre égard ont le pouvoir de nous construire ou de nous détruire. Penser à l'estime de soi, c'est un peu comme essayer de comprendre comment on fait pour avancer, parfois sur une route tranquille, parfois sur un chemin rocailleux. C'est se rendre compte de ce qui nous motive, et apprendre à utiliser ces éléments pour nous aider à arriver là où on veut être : dans un lieu de respect et d'acceptation de soi.

Chapitre 2 : Expériences de l'enfance et de l'adolescence

2.1 Influence des relations personnelles

Comme les premières notes d'une symphonie, les relations que nous tissons dans notre enfance et notre adolescence jouent une mélodie qui résonne tout au long de notre vie, et ceci influence et forge le socle de l'estime de soi.

Nos parents, frères et sœurs, sont souvent les premiers miroirs dans lesquels nous nous contemplons. Leur amour, leur soutien, mais aussi leurs critiques et leurs attentes, tissent la trame de notre estime personnelle. Ils dessinent les contours de ce que nous croyons être, de ce que nous pensons pouvoir accomplir.

Nos amis, camarades de jeu, compagnons de classe, sont les témoins de notre évolution, les participants à nos premières découvertes de soi. Leur acceptation, leur rejet, leurs éloges ou leurs railleries, tout cela laisse des marques, parfois invisibles, mais toujours présentes sur le tableau de notre estime personnelle.

Les relations amoureuses que nous avons tout au long de notre vie jouent aussi un grand rôle. Ces relations nous montrent comment nous pouvons nous percevoir au travers des yeux d'une autre personne, qui nous aime et nous désire. Cela peut nous faire nous sentir au sommet du monde ou, à l'opposé, nous faire douter de nous-mêmes et ressentir un sentiment d'insécurité.

Chaque relation, aussi différente et unique soit-elle, laisse sa marque dans notre personne intérieure, un peu comme une empreinte dans le sable. Même si elles aident à façonner notre estime de soi, il ne faut pas oublier que nous avons aussi le pouvoir de changer cette marque, d'apprendre de ces expériences pour devenir une meilleure version de nous-mêmes et nous aimer davantage.

2.2 Impact des expériences négatives et des échecs

Les revers et les expériences difficiles peuvent parfois faire des ravages sur notre propre estime, ainsi, nous inciter à nous remettre en question. Un peu comme des nuages sombres, ces moments difficiles peuvent nous plonger dans le doute et l'insécurité, rendant plus difficile la perception de notre vrai potentiel et nos forces.

Cependant, ces moments, aussi douloureux soient-ils, sont des enseignants silencieux. Ils sont là pour nous montrer que nous sommes capables de résilience, et que nous avons les capacités de faire face à bien plus que nous pouvions l'imaginer possible.

Ce ne sont pas les échecs qui nous définissent, mais la manière dont nous y faisons face.

Au lieu de laisser ces expériences ébranler notre estime de soi, nous devons les saisir avec vigueur, y faire face et les transformer en opportunités de croissance et de développement de notre personnalité.

Chapitre 3 : L'importance d'une estime de soi saine

3.1 Effets d'une estime de soi saine sur la santé mentale

Une estime de soi saine agit comme une boussole interne. Elle nous aide à traverser les moments difficiles et nous permet de traverser avec assurance les périodes incertaines de notre vie.

Faire preuve de bienveillance envers soi-même, se regarder avec amour et acceptation, reconnaître sa valeur intrinsèque indépendamment de nos succès ou de nos échecs, voici la définition d'une estime de soi saine et ancrée. C'est comprendre que nous sommes bien plus que les notes, les promotions et les regards que la société veut bien nous attribuer.

Cette estime de soi positive protège notre santé mentale. Elle nous confère la capacité de surmonter les défis, la capacité de rebondir après un échec et la confiance nécessaire pour poursuivre nos aspirations.

Une estime de soi saine nous permet d'établir des relations plus harmonieuses avec les autres. En nous aimant nous-mêmes, nous pouvons aimer les autres de manière plus sincère et sans réserve.

Nous sommes plus enclins à établir des limites saines et à respecter les limites des autres, favorisant des interactions respectueuses et équilibrées.

De ce fait, le travail pour développer une estime de soi saine est un investissement important pour notre bien-être mental.

Ce n'est pas simplement un outil pour mieux gérer les défis de la vie, c'est aussi une source de sérénité et de force intérieure qui enrichit chaque instant de notre existence.

3.2 L'estime de soi dans la réussite personnelle et professionnelle

Une estime de soi solide, c'est un peu comme les fondations d'une maison. C'est sur elle que tout repose, cela correspond à la base de notre personnalité. Si ces bases sont solides, tout ce qui est construit et vient s'ajouter par-dessus est stable et résistant. En cultivant une estime de soi éclairée et positive, on établit une base fiable et résistante sur laquelle nous pouvons nous appuyer afin d'atteindre nos objectifs, qu'ils soient personnels ou professionnels.

Avec une bonne estime de soi, nous sommes plus à même de construire des relations saines et enrichissantes. Elle nous donne le courage de défendre nos besoins, de dire ce que nous ressentons et de partager nos pensées sans crainte de jugement. On comprend mieux notre valeur et on n'a pas peur de demander le respect que l'on mérite. Ainsi, une estime de soi saine nous permet de construire des relations authentiques, fondées sur la compréhension et le respect mutuel.

Dans le contexte professionnel, une estime de soi solide est essentielle. C'est cette estime de soi qui nous donne la force de rester déterminés, de continuer à avancer, tout en continuant à triompher face aux obstacles. Elle nous permet de voir chaque expérience, qu'elle soit positive ou négative, comme une opportunité de développement. Avec une bonne estime de soi, on se réjouit de nos succès et on appréhende les échecs comme des leçons précieuses, sans se laisser affecter par ces derniers.

Pour cette raison, cultiver une estime de soi saine signifie investir dans notre succès personnel et professionnel. C'est planter une graine d'amour et de respect pour soi-même dans le sol fertile de notre être et la regarder grandir pour devenir un arbre robuste, portant les fruits du succès. C'est un cadeau que nous nous faisons à nous-mêmes et dont nous profiterons tout au long de notre vie. C'est un investissement pour la vie.

3.3 Comment une bonne estime de soi améliore les relations interpersonnelles

Une estime de soi équilibrée est similaire à une danse harmonieuse. Elle crée un ballet de relations interpersonnelles équilibrées et enrichissantes en nous permettant de nous déplacer avec grâce et confiance sur la scène de nos interactions.

En acceptant nos imperfections, nous ouvrons la porte à la tolérance et à l'acceptation des imperfections des autres. Nous avons trouvé notre source d'approbation en nous-mêmes, nous permettant ainsi de nous affranchir de la recherche constante de validations externes.

Une bonne estime de soi nous permet de nous exprimer de manière libre et sincère, de partager nos pensées et nos sentiments sans craindre le rejet ou le jugement. Elle nous permet d'établir des limites claires, de dire non si nécessaire, tout en respectant les limites des autres.

De plus, lorsque nous nous valorisons, nous attirons les autres. Parce que nous savons que nous méritons le respect et la bienveillance, nous devenons moins susceptibles de tolérer des comportements abusifs ou dégradants. Cela favorise des relations saines, franches et respectueuses dans lesquelles chaque partie se sent appréciée et valorisée.

Par conséquent, avoir une estime de soi solide nous permet de nous déplacer avec assurance et harmonie sur la scène de nos interactions, créant un ballet de relations interpersonnelles qui enrichissent et embellissent notre vie et nos relations.

Chapitre 4 : Les Clés de l'Affirmation

4.1 Pratiquer l'autocompassion

L'autocompassion, c'est simplement le fait d'être gentil avec soi-même. C'est comme quand on se fait mal, on met un pansement sur la plaie. De la même manière, quand on est blessé émotionnellement, c'est le pansement qui aide à guérir cette blessure.

Tout le monde fait des erreurs, tout le monde connaît des moments difficiles. Il ne s'agit pas d'être parfait, mais bien d'accepter nos imperfections. Ce n'est pas un signe de faiblesse, mais plutôt une acceptation de notre réalité humaine. En prenant conscience de cela, on tend à être plus indulgent envers nous-même.

Il faut être à l'écoute de soi. Quand on souffre, au lieu de fuir cette douleur ou de la minimiser, on la reconnaît. On lui donne le droit d'exister. On fait preuve de bienveillance envers soi-même, on se permet d'assumer ce que l'on ressent. C'est une manière de prendre soin de soi qui favorise la guérison et le développement de notre propre personne.

Enfin, pratiquer la bienveillance envers soi-même est nécessaire pour avoir de l'autocompassion. Il s'agit de converser avec douceur, de trouver du réconfort et de prendre soin de soi de la même manière qu'on le ferait avec un ami cher. Il s'agit de faire preuve de gentillesse, de patience et de respect.

Pratiquer l'auto compassion, c'est donc comme donner à notre âme un baume doux et réconfortant. C'est un acte d'amour envers soi-même qui renforce notre estime de soi-même, qui nous aide à nous aimer comme nous sommes.

4.2 Techniques de renforcement de la confiance en soi

Renforcer la confiance en soi, c'est comme tendre une corde solide sur laquelle nous pouvons marcher à travers les défis et les opportunités de la vie.

Voici quelques techniques pour tisser cette confiance en nous :

Le dialogue intérieur positif : Remplacez les pensées négatives par des affirmations positives, et répétez-les au moins 2 fois par jour. Cela peut vous permettre de changer votre perception de vous-mêmes et de renforcer votre niveau de confiance.

La visualisation : C'est comme un film que nous créons dans notre esprit, où nous sommes les protagonistes confiants et réussis. Visualisez-vous en train de réaliser vos objectifs, sentez la fierté et le bonheur qui en découlent. Cela vous aidera à croire et augmentera vos chances de réussir.

<u>Les objectifs réalisables</u> : Construisez un pont, pierre par pierre. Fixez-vous des objectifs petits mais facilement atteignables et réalisables, et célébrez chaque réalisation. Cela renforcera votre sentiment de compétence et de confiance en votre capacité à atteindre vos objectifs.

<u>L'autosoin</u> : Vous devez arroser une plante si vous voulez qu'elle grandisse. Prenez soin de votre corps, de votre esprit et de votre âme. Pratiquez une activité physique régulière, mangez de manière équilibrée, évitez les grignotages (...). Une bonne santé physique et mentale est une base solide pour renforcer la confiance en soi.

L'entourage positif : C'est comme s'entourer de lumières qui nous réchauffent et nous illuminent. Entourez-vous de personnes qui vous soutiennent et vous valorisent, cela vous permettra de créer un environnement positif, propice au bien-être et au développement.

En appliquant ces méthodes, on forge sa confiance en soi, et cela nous donne la force de faire face aux défis de la vie avec plus de sérénité.

4.3 Pratiques de réflexion et d'affirmations positives

Pour commencer, il y a la réflexion positive. C'est un moment où l'on s'arrête pour mettre l'accent sur nos réussites, nos qualités et les instants de joie que nous avons vécus. Même le plus petit des succès mérite d'être mis en avant et célébré. C'est un formidable moyen d'amplifier notre estime de soi et de cultiver notre sentiment de gratitude.

Ensuite, il y a l'affirmation positive. C'est une technique qui consiste à choisir des phrases qui nous touchent profondément, qui sont alignées avec nos objectifs personnels et nos valeurs. On répète ces affirmations tous les jours, au lever et au coucher. L'idée est de se visualiser vivant ces affirmations. Par exemple, si l'on choisit l'affirmation "Je suis sûr de moi et capable", on doit se représenter en train d'agir avec assurance et compétence.

Enfin, on a la méditation de bienveillance. C'est prendre un moment pour s'asseoir calmement, respirer profondément, en comptant jusqu'à 5 dans sa tête durant l'inspiration, et en expirant en comptant 2 secondes dans sa tête, de manière à augmenter votre saturation sanguine en oxygène, permettant d'apaiser globalement votre corps, via une technique physiologique. Cela permet notamment de faire grandir en soi un sentiment de bienveillance et de bien-être. Ces sentiments peuvent être imaginés comme une lumière chaleureuse qui enveloppe tout notre être. C'est une puissante pratique pour cultiver l'amour de soi.

En intégrant régulièrement ces exercices dans notre routine, on nourrit et renforce notre estime de soi, tout en développant une vision plus positive de notre vie.

Chapitre 5 : Garder le Cap

5.1 Comment maintenir un discours intérieur positif

Un discours intérieur positif, c'est un peu comme avoir un coach personnel toujours à vos côtés. C'est quelqu'un qui vous rappelle vos atouts, vos compétences et qui vous soutient, même quand les temps sont difficiles. C'est quelqu'un qui ne cesse de vous rappeler votre valeur et vous aide à faire face aux difficultés de la vie.

On a tous une petite voix dans notre tête. C'est elle qui commente nos actions, nos décisions, nos échecs et nos réussites. Parfois, cette petite voix peut être dure et nous critiquer plus que nécessaire.

Si vous avez tendance à vous rabaisser, sachez que vous pouvez changer cela. Vous avez le pouvoir de décider quels sont les discours intérieurs que vous voulez encourager, et quels sont ceux que vous voulez ignorer.

Pour cela, commencez par écouter ce que vous vous dites. Est-ce que votre voix intérieure vous encourage et vous soutient, ou est-ce qu'elle est dure et critique ? Acceptez ces pensées comme elles viennent, sans les juger.

Ensuite, essayez de changer votre discours intérieur. Lorsque vous vous surprenez à penser négativement, essayez de trouver une alternative plus positive. Par exemple, si vous vous dites "Je ne vais jamais y arriver", vous pouvez vous répondre "Je rencontre des difficultés, mais je continue à essayer et j'apprends de mes erreurs". Ou encore, si vous pensez que « personne ne m'aime", vous pouvez vous dire "Je suis une personne de valeur, j'agis de la meilleure manière possible et je suis entourée de personnes qui tiennent à moi dans ma vie".

Il est aussi essentiel de se rappeler qu'on a tous des défauts et qu'on fait tous des erreurs. Ces imperfections ne font pas de nous des êtres inférieurs, au contraire, elles font de nous des êtres humains uniques.

Donc, au lieu de vous blâmer pour vos erreurs, essayez de les accepter et d'en tirer profit en tâchant de vous souvenir des leçons apprises.

Enfin, prenez l'habitude de cultiver l'amour et la gratitude dans votre vie. Chaque jour, prenez un moment pour remercier pour les choses positives dans votre vie. Vous pouvez par exemple être reconnaissant pour avoir un toit sur votre tête, pour les amis qui vous soutiennent, ou pour un bon repas que vous avez préparé.

5.2 L'importance de s'entourer de personnes positives et encourageantes

En s'entourant de personnes positives, on choisit d'évoluer dans un environnement qui élève, développe positivement notre esprit, nourrit notre cœur et nous donne la force de croire en soi-même.

Les personnes qui nous entourent sont comme des miroirs. Elles reflètent notre image, mais elles peuvent aussi influencer la façon dont nous nous percevons. Si vous vous entourez de personnes positives, aimantes et encourageantes, vous commencerez à voir ces qualités en vous-même. Vous commencerez à croire en votre valeur et en vos capacités.

Cela ne signifie pas que vous devez éviter les personnes qui sont négatives ou critiques. Au contraire, soyez un phare de lumière pour eux. Montrez-leur qu'il est possible d'être aimant et positif, même face aux difficultés.

Mais rappelez-vous, votre énergie est précieuse. Choisissez de la partager avec ceux qui la respectent et l'apprécient. Choisissez de la partager avec ceux qui vous inspirent et vous encouragent à être la meilleure version de vous-même.

5.3 Nourrir son bien-être physique pour soutenir son estime de soi

Lorsque nous prenons soin de notre corps, nous améliorons notre santé et notre bien-être, ce qui renforce notre estime de soi. Se sentir en bonne santé et en bonne forme physique peut nous donner la confiance et le courage nécessaire pour poursuivre nos objectifs et affronter les défis de la vie.

Notre corps est à la fois notre vitrine, il illustre notre personnalité et la manière dont nous choisissons de nous présenter au reste du monde. Il est également l'instrument qui nous permet d'interagir et d'échanger avec les autres individus. Il est la maison de nos émotions, de nos pensées et de notre esprit. Il faut donc en prendre le plus grand soin et l'entretenir, comme vous le feriez avec une œuvre d'art, une pièce d'horlogerie ou encore la voiture de vos rêves.

En matière de nutrition, il s'agit de faire des choix qui soutiennent la santé de notre corps. Par exemple, au lieu de grignoter des aliments transformés riches en sucre et en gras, essayez de choisir des aliments complets, naturels et nutritifs. Une salade que vous vous êtes préparé au poulet et à la salade pourrait être un meilleur choix qu'un hamburger de restauration rapide. Pour le dessert, au lieu de manger une glace, optez pour des fruits frais, et de saison, ou un yaourt nature.

Pour l'activité physique, l'idée est d'intégrer l'exercice à votre routine quotidienne d'une manière qui vous convient. Pas besoin de courir un marathon ou de soulever des poids lourds tous les jours à la salle de sport. Faire une promenade de 30 minutes par jour, prendre les escaliers au lieu de l'ascenseur, ou se lever pour faire une petite pause mouvement de quelques minutes lorsqu'on travaille au bureau toute la journée peuvent faire une grande différence lorsque ces habitudes sont ancrées et appliquées dans la durée. Le repos est également une partie essentielle du soin de soi. C'est le troisième facteur décisif, tout aussi important que l'alimentation et l'exercice. Cela signifie s'accorder suffisamment de temps pour dormir chaque nuit, c'est-à-dire entre 7 à 8 heures de sommeil en continu. Il peut être utile d'établir une routine de sommeil régulière, par exemple en se couchant et en se levant à des heures fixes, il est notamment recommandé d'essayer de dormir avant 23 heures, afin d'optimiser la qualité de votre sommeil. Il peut également être utile de prendre des pauses courtes mais régulières tout au long de la journée pour se détendre et recharger ses batteries, comme prendre quelques minutes pour boire une tasse de thé ou lire quelques pages d'un livre.

En conclusion

Chaque pas que nous faisons est une affirmation de notre existence, une célébration de notre unicité. Souvenez-vous, vous êtes une œuvre d'art à part entière, en constante évolution, et c'est pour cette raison qu'il est important d'en prendre soin.

Chaque jour est une nouvelle occasion de vous épanouir avec compassion et de développer votre estime de soi.

Car au fond, vous en êtes capable, et devez être conscient que personne d'autre que vous ne prendra la peine de le faire à votre place. Vous êtes l'unique responsable de vous-mêmes et de vos choix.

Alors, marchez avec confiance et gardez en tête que vous êtes la clé de votre propre épanouissement. Dans cette aventure qu'est la vie, c'est vous-même que vous découvrirez, et vous pourriez avoir de belles surprises !

NB : si vous cherchez à devenir la meilleure version de vous-même, rendez-vous sur :
www.book2grow.com

Vous retrouverez notre sélection des meilleurs ouvrages, qui vous donneront accès aux ressources vous permettant d'accéder à votre plein potentiel.

EN 19 JOURS

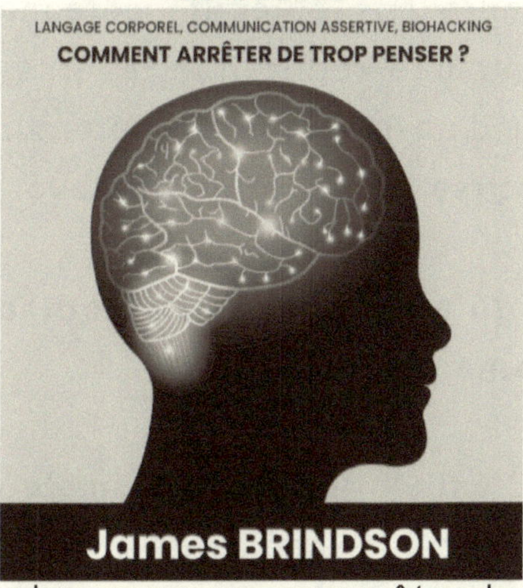

Rappelez-vous que vous êtes le seul en charge de la direction à donner à votre navire dans l'immensité de la vie.

Livre 2 : L'autodiscipline et la pensée positive

Chapitre 1 : L'autodiscipline expliquée

1.1 Définition de l'autodiscipline

L'autodiscipline, bien que parfois perçue comme une restriction, est en fait un outil puissant qui nous permet d'atteindre nos objectifs personnels et d'obtenir une réelle liberté. Elle est le produit d'un mélange de détermination, de maîtrise de soi et de persévérance.

Mais qu'est-ce que l'autodiscipline exactement ?

C'est un ensemble de compétences acquises qui nous permettent de contrôler nos actions et nos pensées, de résister aux tentations et de persévérer en concentrant notre attention vers la réalisation de nos objectifs, même lorsque les obstacles semblent difficilement surmontables. En d'autres termes, l'autodiscipline est la capacité à faire ce que nous savons être bon pour nous, même si ce n'est pas la tâche la plus facile ou la plus attrayante à faire dans l'immédiat.

Voyez la pratique de l'autodiscipline comme une manière de garder le cap lorsque vous faites face à des moments difficiles, ou que vous rencontrez une baisse de motivation. Vous permettant de maintenir le cap, et de guider le navire à travers les tempêtes et le mène vers sa destination, même lorsque le voyage est difficile.

C'est finalement le moteur qui nous permet de transformer nos rêves en réalités, de transgresser nos limites et de vivre pleinement notre vie.

1.2 Les différentes formes d'autodiscipline

L'autodiscipline, c'est quelque chose que l'on peut adapter en fonction des circonstances de mise en œuvre.

Commençons par l'autodiscipline personnelle. Elle nous aide, entre autres, à respecter nos engagements envers nous-mêmes, comme suivre un régime alimentaire sain, faire de l'exercice régulièrement, méditer chaque jour, ou encore lire avant de dormir. L'autodiscipline personnelle est l'outil qui nous aide à mettre en place et à maintenir des routines bénéfiques pour améliorer notre qualité de vie et notre bien-être.

Dans le monde professionnel, l'autodiscipline se manifeste à travers notre capacité à tenir nos engagements et à adopter une gestion de notre temps de manière optimale tout en maîtrisant notre attention malgré les distractions. En somme, c'est ce qui nous pousse à donner le meilleur de nous-mêmes et à atteindre les objectifs que nous nous sommes fixés dans notre carrière.

Enfin, il y a l'autodiscipline dans le domaine académique, essentielle aux étudiants. Elle implique l'organisation, la planification des études, le maintien de la concentration pendant les cours et l'étude indépendante, et la résistance à la procrastination.

Ces différentes formes d'autodiscipline ont un point commun : elles sont toutes des manifestations de notre volonté à diriger notre vie de manière proactive.

1.3 Pourquoi certaines personnes sont plus autodisciplinées que d'autres

Il est fascinant de constater que certaines personnes semblent posséder une autodiscipline presque inébranlable, alors que d'autres luttent pour maintenir le cap. Qu'est-ce qui fait cette différence ? Pourquoi certaines personnes sont-elles plus autodisciplinées que d'autres ?

Plusieurs facteurs peuvent expliquer ces différences. Tout d'abord, nos expériences de vie jouent un rôle clé. Par exemple, des expériences d'apprentissage précoce, comme le fait d'avoir des parents qui valorisent la discipline et l'autonomie, peuvent aider à développer l'autodiscipline dès le plus jeune âge. De même, faire face à des challenges, des problèmes personnels peut renforcer notre résilience et notre autodiscipline, à condition que nous les percevions comme des opportunités de croissance plutôt que comme des obstacles insurmontables.

Deuxièmement, nos traits de personnalité influencent également notre niveau d'autodiscipline. Des traits comme la consciencieosité, qui inclut l'organisation, la discipline et le sens du devoir, sont fortement liés à l'autodiscipline.

Prenons l'exemple de Sarah, qui travaille comme graphiste. Elle a un sens aigu de l'organisation. Son bureau est toujours bien rangé, ses fichiers sont soigneusement classés et elle tient un agenda précis de toutes ses tâches et échéances. Ce trait de caractère, qu'on appelle la consciencieosité, la pousse à respecter ses engagements et à travailler de manière structurée et disciplinée.

Troisièmement, l'état d'esprit joue également un rôle crucial. Les personnes qui sont persuadées de pouvoir agir afin d'améliorer leurs compétences et leurs capacités grâce à l'effort et à la persévérance - ce qu'on appelle l'état d'esprit de croissance (plus connu sous le nom de growth mindset, en anglais) - sont généralement plus autodisciplinées.

Pensons maintenant à Paul, un jeune entrepreneur. Lorsqu'il a lancé son entreprise, il a rencontré de nombreux obstacles. Au lieu de se décourager, il a considéré chaque défi comme une opportunité d'apprendre et de grandir. Il croyait fermement qu'avec du temps et des efforts, il pouvait améliorer ses compétences et surmonter les difficultés.

Cet état d'esprit, que les psychologues appellent "l'état d'esprit de croissance", a alimenté sa discipline et sa persévérance, le poussant à travailler davantage pour atteindre les objectifs qu'il s'était fixés.

Enfin, l'autodiscipline, ce n'est pas une question de "tout ou rien". Elle se situe sur un spectre, et nous avons tous la capacité d'améliorer notre autodiscipline avec du temps, de la pratique et de la patience. Alors, même si vous vous sentez moins discipliné que vous ne le souhaitez, n'oubliez pas : il n'est jamais trop tard pour commencer à cultiver votre autodiscipline. Chaque petit pas compte, et chaque jour est une nouvelle chance de devenir la meilleure version de vous-même.

Chapitre 2 : L'importance de l'autodiscipline pour atteindre ses objectifs

2.1 Les effets de l'autodiscipline sur l'atteinte des objectifs personnels

L'autodiscipline de l'action est souvent la différence entre rester coincé dans un rêve et réaliser ce rêve. Elle est la force qui nous pousse à agir, même lorsque nous ne nous sentons pas motivés. Elle relie nos intentions à nos actions, nos rêves à nos réalisations.

Considérer un objectif personnel courant : adopter un mode de vie plus sain. Cela pourrait impliquer de changer son alimentation, de faire de l'exercice régulièrement, ou de méditer tous les jours. Ces changements demandent tous une certaine dose d'autodiscipline. Après tout, il est souvent plus facile de manger une pizza que de préparer une salade, ou de regarder une série à la télévision que de faire une séance de sport. C'est là que l'autodiscipline entre en jeu : elle nous aide à faire le choix le plus juste, en accord avec nos objectifs à long terme, même s'il est plus difficile à court terme.

L'autodiscipline nous donne également la persévérance nécessaire pour surmonter les obstacles et les revers. Elle nous permet de rester concentré sur nos objectifs même lorsque les choses ne se passent pas comme prévu. Elle nous apprend à voir les échecs comme des opportunités d'apprentissage et de croissance.

Enfin, l'autodiscipline booste notre assurance. À chaque fois que nous tenons nos promesses, nous nous prouvons à nous-mêmes notre capacité d'accomplir nos objectifs. Cette confiance renforcée nous propulse ensuite vers des réalisations encore plus ambitieuses.

2.2 Comment l'autodiscipline influence la réussite professionnelle

Poursuivons notre exploration avec l'autodiscipline dans le contexte professionnel.

Au travail, l'autodiscipline se manifeste de plusieurs façons et influence directement notre réussite.

Premièrement, l'autodiscipline est essentielle pour gérer efficacement notre temps.

Dans un monde où les distractions sont omniprésentes, rester concentré sur nos tâches est bien souvent un véritable défi. L'autodiscipline nous aide à résister à ces distractions, qu'il s'agisse de consulter nos notifications incessantes sur nos smartphones ou de la tentation de discuter avec des collègues au bureau. Par exemple, quelqu'un qui fait preuve d'autodiscipline pourrait dédier des créneaux horaires à une tâche précise, tel que rédiger 1000 mots afin d'avancer dans l'édition d'un livre, de manière non-négociable et sans laisser place à la distraction.

Être discipliné, c'est aussi respecter les délais qui nous sont imposés. Considérez un chef de projet qui doit coordonner plusieurs équipes pour livrer un projet à temps.

Sans autodiscipline, il serait facile de se laisser submerger par les multiples tâches et de manquer de temps.

Cependant, avec l'autodiscipline, le chef de projet peut prioriser ses tâches, organiser son temps efficacement, et s'assurer que chaque aspect du projet avance comme prévu.

L'autodiscipline est également cruciale pour la croissance professionnelle. Par exemple, un employé qui souhaite progresser dans sa carrière doit être prêt à apprendre continuellement et à développer de nouvelles compétences, telles que s'améliorer en marketing ou en relation client. Cette volonté d'apprendre et de s'améliorer demande une certaine dose d'autodiscipline.

En résumé, l'autodiscipline est un pilier fondamental de la réussite professionnelle.

Elle nous aide à travailler de manière plus efficace et plus productive, à respecter nos engagements, et à poursuivre constamment notre développement professionnel. Quels que soient nos objectifs professionnels, l'autodiscipline est la clé pour les atteindre.

2.3 L'autodiscipline et l'équilibre vie personnelle/vie professionnelle

Naviguer entre les obligations professionnelles et les responsabilités personnelles peut être un réel défi. Et c'est en appliquant les principes exposés précédemment que vous serez armé pour le relever.

Imaginez un enseignant, Marc, qui est passionné par son travail, mais qui a également une vie de famille animée et une passion pour le vélo. Sans autodiscipline, les exigences de son emploi pourraient facilement déborder sur son temps personnel. Cependant, grâce à l'autodiscipline, Marc peut définir des limites claires : il décide, par exemple, de ne pas ramener de travaux de correction à la maison et de consacrer ses soirées à sa famille et à sa passion pour le vélo.

Prenons l'exemple de Lisa, une entrepreneure. Elle pourrait travailler sans fin, mais grâce à l'autodiscipline, elle établit des horaires de travail précis. Elle se déconnecte systématiquement après 18 heures pour se consacrer à ses loisirs : détente, yoga, lecture ou sortie entre amis.

Enfin, prenons l'exemple de Paul, un consultant en informatique avec un emploi du temps chargé. Paul a découvert l'importance de l'autodiscipline pour sa santé. Même lors des journées les plus chargées, il se réserve une heure pour faire de l'exercice - que ce soit une course à pied matinale ou une séance de gym après le travail. Il comprend que cette discipline dans son régime d'exercice est non seulement bénéfique pour sa santé physique, mais aussi pour sa santé mentale, car elle lui permet de se déstresser et de rester concentré.

Dans ces exemples, nous voyons comment l'autodiscipline peut aider à créer et à maintenir un équilibre entre les obligations professionnelles et les besoins personnels. Quels que soient les défis que nous rencontrons, l'autodiscipline est un outil efficace pour gérer notre temps, respecter nos limites et prendre soin de notre bien-être global.

Chapitre 3 : Sculpter sa Volonté

3.1 Les rituels quotidiens pour renforcer l'autodiscipline

Les routines quotidiennes sont un excellent moyen pour développer l'autodiscipline. Ils aident à organiser notre journée et à établir des habitudes positives.

Par exemple, se lever tôt pour faire de l'exercice, prendre un petit-déjeuner équilibré, consacrer du temps à la méditation ou à la lecture, ou même planifier des pauses régulières tout au long de la journée peuvent tous être des rituels utiles, et bénéfiques. L'adoption de nouvelles habitudes telles que mentionnées, maintenues dans le temps, ont pour effet de renforcer l'autodiscipline également.

Pour illustrer, prenons l'exemple de Sophie, une romancière à succès. Pour maintenir son rythme d'écriture, elle a créé un rituel quotidien. Chaque matin, avant que le reste de sa maison ne se réveille, elle se prépare une tasse de thé vert et s'installe devant son ordinateur pour écrire pendant deux heures. Ce rituel matinal est devenu une partie incontournable de sa routine, et elle s'y tient quelles que soient les circonstances. Cette discipline a porté ses fruits : elle a publié plusieurs romans à succès au cours des dernières années.

Il y a aussi Jérôme, un étudiant en médecine. Confronté à une charge de travail intense, il a instauré un rituel d'étude rigoureux. Il se réserve trois heures chaque soir, sans distraction, pour réviser et préparer ses cours du lendemain. Ce rituel lui permet de rester concentré et organisé malgré la pression.

Il n'existe pas de "taille unique" pour les rituels quotidiens - ce qui fonctionne pour une personne peut ne pas fonctionner pour une autre. Chacun doit trouver les routines qui lui conviennent le mieux.

Ces rituels servent de fondation pour renforcer votre autodiscipline. Ils vous aident à établir une structure dans votre vie, réduire les distractions et offrent un environnement stable pour vous concentrer sur vos objectifs.

3.2 L'importance de l'environnement et des routines dans l'autodiscipline

L'environnement et les routines jouent un rôle crucial dans le phénomène d'autodiscipline. En créant un environnement favorable et en adoptant des routines bien structurées, il est possible de grandement faciliter la mise en place et la pérennité d'un comportement autodiscipliné.

Un environnement propice à l'autodiscipline est organisé, clair et exempt de distractions inutiles. Par exemple, si vous essayez de mener à bien un projet important, avoir un espace de travail propre et bien rangé peut vous aider à rester concentré et productif.

De même, si votre objectif est de manger plus sainement, garder des aliments qualitatifs à portée de main et ranger et verrouiller le placard avec les aliments ‘plaisirs’ (tels que les bonbons, les gâteaux...) de votre cuisine peut faciliter le respect de votre rééquilibrage alimentaire.

Les routines, quant à elles, fournissent une structure et une prévisibilité qui peuvent jouer un rôle dans le maintien à long terme de vos nouvelles habitudes.

En établissant des routines cohérentes, vous créez des habitudes qui, une fois ancrées, peuvent être maintenues sans effort. Par exemple, si vous essayez de vous mettre à l'exercice, établir une routine d'entraînement régulière à la même heure chaque jour peut rendre l'exercice plus automatique et moins susceptible d'être omis.

Chapitre 4 : Introduction à la pensée positive

4.1 Définition de la pensée positive

La pensée positive est une stratégie mentale qui met l'accent sur les aspects positifs de la vie, favorise l'optimisme et attend des résultats favorables. C'est un état d'esprit qui promeut des visions, des mots et des pensées inspirants et optimistes.

Par exemple, supposons que vous ayez un entretien d'embauche. Une personne ayant une mentalité négative pourrait penser : "Il y a tellement de candidats, je n'ai aucune chance". Une personne avec une mentalité positive, en revanche, serait plutôt tenté de penser : "Il y a beaucoup de candidats, certes, mais cela signifie que c'est vraiment un poste intéressant. De plus, je dispose de compétences et d'expériences uniques qui vont me permettre de me distinguer". La différence peut sembler minime, mais l'impact sur l'attitude, le comportement et la performance peut être énorme.

Un autre exemple pourrait être lors de l'apprentissage d'une nouvelle compétence. Si vous essayez d'apprendre à jouer d'un instrument de musique, une mentalité négative pourrait conduire à des pensées telles que "Je ne suis pas doué pour ça, je n'arriverai jamais à jouer correctement". En revanche, un état d'esprit positif pourrait plutôt vous encourager à des pensées telles que "C'est un défi, mais avec de la pratique et de la persévérance, je vais m'améliorer".

Il est important de noter que la pensée positive ne signifie pas ignorer les aspects négatifs de la vie. Il s'agit plutôt d'aborder les situations négatives de manière plus positive et productive, en pensant que vous pouvez surmonter les difficultés et les défis qui se présentent à vous. En fin de compte, la pensée positive vous aide à construire une résilience, à améliorer votre bien-être et à avancer dans la vie avec un sens de l'optimisme et de l'opportunité.

4.2 Le pouvoir de la pensée positive sur l'esprit et le corps

La pensée positive a un impact profond, non seulement sur notre esprit, mais aussi sur notre corps et notre manière d'agir. Son pouvoir réside dans sa capacité à influencer notre humeur, notre résilience face au stress, et même notre santé globale.

Sur le plan mental, la pensée positive peut contribuer à améliorer notre bien-être émotionnel et psychologique. Elle peut nous aider à développer un regard optimiste sur la vie, ce qui aurait tendance à nous rendre plus heureux et plus satisfaits. De plus, elle nous permet de stimuler notre résilience face au stress et aux défis. En envisageant des résultats positifs, nous sommes plus susceptibles de persévérer lorsqu'il s'agit de faire face aux difficultés et de voir ces challenges comme des opportunités d'apprentissage plutôt que comme des échecs.

Un exemple simple peut illustrer ce point : vous êtes coincé dans les embouteillages sur le chemin du travail. Plutôt que de se concentrer sur le stress et la frustration de la situation, adoptez une approche positive et préférez plutôt voir cela comme une opportunité d'écouter un podcast intéressant ou d'appeler un ami avec lequel vous n'avez pas parlé depuis longtemps.

Sur le plan physique, des études suggèrent que la pensée positive peut avoir des effets bénéfiques sur la santé. Elle peut contribuer à renforcer le système immunitaire, réduire le risque de maladies cardiovasculaires et même augmenter l'espérance de vie. Il semblerait que l'optimisme et la pensée positive aident à réguler notre réponse au stress, ce qui peut avoir des effets positifs sur notre santé physique.

Chapitre 5 : Les avantages de la pensée positive

5.1 La pensée positive et la santé mentale

La pensée positive influence grandement notre état d'esprit. Elle agit comme un tampon, atténuant les difficultés de la vie et nous permettant d'adopter une visualisation mentale de la vie propice à l'espoir, l'optimisme et la joie. C'est un moyen efficace de favoriser un état d'esprit positif qui promeut le bonheur et le bien-être.

Lorsque nous cultivons une mentalité positive, nous aidons notre esprit à élargir sa perspective et à voir au-delà de nos contrariétés actuelles. Par exemple, si nous sommes confrontés à un échec ou à une déception personnelle, une mentalité négative pourrait nous pousser à généraliser cet échec à d'autres domaines de notre vie. En revanche, une perspective positive nous encouragerait à voir cet échec comme une expérience d'apprentissage, une opportunité pour grandir et s'améliorer.

La pensée positive serait également liée à une meilleure gestion du stress et de l'anxiété. En adoptant une attitude optimiste et en envisageant des résultats positifs, nous gérons les défis de la vie avec une plus grande sérénité. Cela nous aide à renforcer notre résilience, notre capacité à nous remettre des échecs et à progresser avec assurance.

De plus, la pensée positive peut améliorer notre estime de soi et notre confiance en soi. En croyant en nos capacités et en notre potentiel, nous nous donnons la liberté d'essayer de nouvelles choses, de relever des défis et d'atteindre nos objectifs.

5.2 La pensée positive et la gestion du stress

La pensée positive aide à gérer le stress en redirigeant notre attention vers des perspectives optimistes. En cultivant cette attitude positive, nous minimisons l'impact du stress et augmentons notre capacité à faire face aux défis.

Imaginons un scénario courant : une présentation importante au travail. Sans pensée positive, nous pourrions nous laisser emporter par nos craintes. Nous commencerions à imaginer tous les scénarios où les choses tournent mal, nous trébuchons sur nos mots, nous bégayons, oublions des points clés, notre auditoire semble ennuyé ou indifférent. Ce flot de pensées négatives ne fait qu'augmenter notre stress, de manière improductive, ce qui peut finalement nuire à notre prestation.

Mais si nous introduisons la pensée positive dans l'équation, la situation peut être perçue d'une manière totalement différente. Au lieu de craindre l'échec, nous pouvons commencer à visualiser le succès. Nous nous voyons parler avec confiance, nos points sont clairs et convaincants, notre auditoire est engagé et impressionné. Cette vision positive peut nous aider à nous sentir moins stressés et plus confiants, ce qui se traduira probablement par une meilleure performance.

Si nous sommes coincés dans la circulation, au lieu de nous sentir frustrés et stressés, nous pouvons utiliser ce temps pour écouter de la musique que nous aimons, pour réfléchir à nos pensées, ou simplement pour respirer et être dans le moment présent. La pensée positive transforme ainsi un moment potentiellement stressant en une occasion de détente et de contemplation.

En résumé, la pensée positive nous permet de gérer le stress de manière plus saine et plus constructive. Elle nous aide à voir les défis comme des opportunités de croissance plutôt que des obstacles insurmontables.

5.3 La pensée positive et l'optimisation de la productivité

La pensée positive est un outil essentiel pour augmenter notre niveau de productivité. Nous pouvons non seulement être plus efficaces au travail, mais nous pouvons également rendre le processus plus agréable et satisfaisant.

Prenons l'exemple de deux employés confrontés à une échéance serrée pour un projet important. Le premier employé, bercé par des pensées négatives, peut voir ce défi comme une montagne insurmontable, et submerger son esprit par des pensées noires et contre productives.

En se concentrant notamment sur le stress de l'échéance, la peur de ne pas finir à temps et l'angoisse des conséquences potentielles d'un échec. Ces pensées négatives viennent ajouter une pression mentale supplémentaire pouvant venir entraver la capacité de se concentrer et de travailler efficacement, réduisant ainsi sa productivité.

A contrario, le second employé, armé de la pensée positive, aborde la situation sous un angle différent. Il voit cette échéance serrée comme un challenge, une opportunité d'améliorer ses compétences et son expertise. Il visualise le succès, se voyant accomplir la tâche avec brio et recevoir les félicitations de leurs collègues et de la direction.

Cette vision optimiste génère de l'énergie et de l'enthousiasme, alimentant sa motivation à travailler encore plus dur et à produire un travail de qualité.

Un autre exemple concret se trouve dans notre vie quotidienne. Imaginez-vous devoir ranger et nettoyer votre maison. Avec une mentalité négative, nous pourrions voir cette tâche comme une corvée ennuyeuse et fastidieuse. Cependant, en adoptant une pensée positive, nous pourrions transformer cette tâche en une activité agréable et gratifiante.

Nous pourrions visualiser notre maison propre et bien rangée, ressentir la satisfaction que cela apportera, et utiliser cela comme motivation pour accomplir la tâche efficacement.

Ainsi, la pensée positive peut être un outil redoutable afin d’optimiser notre productivité, nous permettant d'approcher les tâches avec une énergie renouvelée, un enthousiasme accru et une plus grande satisfaction.

Chapitre 6 : Cultiver l'Espoir

6.1 L'art de la gratitude

Cultiver la gratitude est une pratique puissante pour forger une pensée positive solide. Il s'agit d'une forme d'appréciation consciente, que nous avons dans notre vie.

Ce faisant, nous nous focalisons sur ce qui est bon, ce qui a pour effet de générer des sentiments positifs, de la joie à l'épanouissement.

Prenons l'exemple de Marie, une professeure très occupée. Marie se lève tôt tous les matins pour préparer ses cours, elle travaille tard le soir pour corriger les devoirs et se sent souvent dépassée par le stress et la pression. Pourtant, chaque soir, avant de s'endormir, Marie prend quelques minutes pour noter dans son journal trois choses pour lesquelles elle est reconnaissante ce jour-là. Cela peut être quelque chose d'aussi simple que le sourire d'un de ses élèves, une réflexion positive de la part d'un parent d'élève ou encore une conversation agréable avec un collègue à la cantine.

Ce rituel de gratitude aide Marie à se concentrer sur les aspects positifs de sa journée, plutôt que sur les défis et les stress.

Elle se réveille chaque matin avec une perspective plus positive et une énergie renouvelée pour affronter la journée à venir.

Ainsi, l'art de la gratitude peut être une méthode simple mais efficace pour cultiver la pensée positive. En reconnaissant et en appréciant les aspects positifs de notre vie, nous créons un espace pour la joie, l'optimisme et l'espoir.

6.2 La visualisation positive

La visualisation positive est une technique de pensée positive puissante qui implique d'utiliser notre imagination pour créer des images mentales de ce que nous voulons réaliser ou expérimenter dans la vie.

Pensez à l'écrivain qui se prépare à rédiger un livre. Plutôt que de succomber à l'anxiété ou aux doutes sur sa capacité à accomplir cette tâche considérable, l'écrivain décide d'employer la visualisation positive. Il ferme les yeux et se visualise assis à son bureau, les mots coulant facilement et formant des phrases et des paragraphes.

Il s'imagine en train de construire des chapitres, tissant une histoire captivante qui retiendra l'attention de ses lecteurs.

En visualisant cette expérience de manière positive, il cultive son sentiment d’assurance et voit les choses d’un œil plus positif. Il renforce sa croyance en sa capacité à réussir, ce qui peut grandement influencer la réalité de son processus d'écriture et le produit final.

La visualisation positive peut être utilisée dans tous les aspects de la vie, que ce soit pour se préparer à un discours, pour imaginer une relation saine et heureuse ou simplement pour imaginer une journée agréable et productive à venir. Nous cultivons notre esprit de possibilités et d'espérance en cultivant ces images positives, ce qui peut nous aider à atteindre nos objectifs et à vivre une vie plus heureuse et plus satisfaisante.

6.3 Encourager l'optimisme au quotidien

Cultiver l'optimisme au quotidien n'est pas seulement une philosophie de vie, c'est un véritable style de vie. Il s'agit de prendre des mesures concrètes pour voir le bon côté des choses, même dans les moments difficiles. Bien sûr, il ne s'agit pas de nier les difficultés, mais plutôt d'apprendre à voir les opportunités et les leçons que ces défis peuvent nous apporter.

En conclusion

Alors que nous arrivons au terme de cette partie, gardons en mémoire que chaque jour nous offre une nouvelle occasion de grandir et de nous améliorer.
L'autodiscipline et la pensée positive sont plus qu'un simple ensemble de techniques ou de stratégies - elles sont un véritable mode de vie. Elles peuvent transformer notre perspective, nous aider à surmonter les obstacles et à nous mener vers une vie plus épanouissante et réussie.

Il y aura toujours des défis sur notre chemin, et il y aura des jours où notre discipline vacillera ou où notre optimisme sera testé. Avec ces outils à notre disposition, nous sommes mieux préparés pour faire face à ces défis et pour continuer à avancer, quelles que soient les circonstances.

Rappelons-nous que chaque petit pas compte. Chaque jour où nous choisissons de suivre notre routine, même quand nous n'en avons pas envie, renforce notre autodiscipline. Chaque fois que nous choisissons de voir le bon côté des choses, même quand la situation semble sombre, nous cultivons notre pensée positive.

Et souvenez-vous que vous n'êtes pas seul. Chaque être humain se doit de suivre ce chemin, fait d'apprentissage, et d'amélioration de soi jour après jour.

Livre 3 : Gérer l'anxiété et le stress

Chapitre 1 : Canaliser ses émotions

1.1 Définitions de l'anxiété et du stress

L'anxiété et le stress font partie des expériences humaines universelles, mais parfois, ces sentiments peuvent devenir si intenses qu'ils en viennent à bouleverser notre quotidien. Il faut donc les comprendre si nous voulons passer au travers.

L'anxiété peut être décrite comme une réponse à une menace perçue, que cette menace soit réelle ou imaginaire. Il s'agit d'un sentiment d'inquiétude, de nervosité ou de malaise face à une situation incertaine. Imaginez que vous vous préparez à présenter un projet important au travail, et que vous ressentez un mélange de peur, d'excitation et de nervosité - c'est là un exemple classique d'anxiété.

Le stress, quant à lui, est une réponse physiologique à des demandes ou des pressions qui nous semblent écrasantes. Il se manifeste lorsque nous nous sentons dépassés ou incapables de gérer les exigences de notre environnement. Par exemple, si vous avez un délai serré pour terminer un travail et que vous craignez de ne pas pouvoir le faire à temps, vous pourriez ressentir du stress. Il est important de garder à l'esprit que l'anxiété et le stress ne sont pas toujours des expériences négatives.

En effet, ces émotions peuvent nous aider à rester concentrés et à accomplir des tâches importantes dans certaines circonstances. Cependant, il est essentiel de chercher des stratégies pour les gérer lorsque l'anxiété ou le stress deviennent chroniques et commencent à interférer avec notre vie quotidienne. Dans ce livre, nous approfondirons ces méthodes.

1.2 Les différents types de stress et d'anxiété

Lorsque nous parlons de stress, nous devons distinguer deux types principaux : le stress aigu et le stress chronique.

Le stress aigu est un phénomène temporaire, directement lié à une cause identifiable dans une situation spécifique. Par exemple, un entretien d'embauche important, un accident de voiture ou la perspective de parler en public peuvent tous déclencher du stress aigu.

Ce type de stress peut générer un sentiment d'urgence, augmenter notre niveau d'alerte, et même nous donner un regain d'énergie pour faire face à la situation. Généralement, une fois la situation résolue, le stress aigu disparaît.

Le stress chronique, en revanche, est plus insidieux. Il s'installe lorsque la cause à l'origine de ce stress n'est pas résolue et persiste sur une longue période. Cela peut être dû à une situation de travail difficile, à une relation conflictuelle ou à des problèmes financiers.

Le stress chronique peut avoir des conséquences graves pour la santé, comme des troubles du sommeil, des problèmes cardiovasculaires ou des troubles digestifs.

Quant à l'anxiété, elle se présente également sous différentes formes. Le trouble d'anxiété généralisée (TAG) se caractérise par une inquiétude excessive et incontrôlable qui interfère dans la vie quotidienne.

Les personnes atteintes de TAG ont souvent du mal à contrôler leur inquiétude et se sentent anxieuses la plupart du temps, sans raison apparente.

Le trouble de stress post-traumatique (TSPT) est un autre type d'anxiété qui se produit après une expérience traumatisante.

Les personnes atteintes de TSPT peuvent revivre le traumatisme à travers des flashbacks, avoir des cauchemars et éprouver une peur intense lorsqu'elles sont exposées à des situations qui leur rappellent l'événement traumatisant.

Enfin, les phobies spécifiques sont des formes d'anxiété liées à des objets ou à des situations spécifiques, comme les araignées, les hauteurs ou les espaces confinés. Une personne souffrant d'une phobie spécifique éprouvera une anxiété prononcée, parfois même jusqu'à une crise de panique, lorsqu'elle est confrontée à l'objet de sa phobie.

Ces descriptions sont, bien sûr, simplifiées et chaque personne peut vivre l'anxiété et le stress de manière unique.

Il est donc crucial de comprendre et d'être conscient de son propre vécu et de rechercher des stratégies adaptées pour gérer ces réactions émotionnelles, ce que nous développerons dans les prochains chapitres.

1.3 Les signes et symptômes de l'anxiété et du stress

L'anxiété et le stress sont des phénomènes complexes qui peuvent avoir un impact profond sur notre bien-être.

Ils peuvent laisser des marques sur notre corps, comme une tension musculaire, des maux de tête, des troubles du sommeil ou des problèmes digestifs. Sur le plan mental, ils peuvent se manifester par des pensées intrusives, une concentration dissipée, de l'irritabilité ou une sensation générale de malaise.

Dans certains cas, le stress peut même déclencher des comportements malsains, comme une consommation excessive de nourriture ou d'alcool, une négligence de l'hygiène personnelle, ou un isolement social.

Imaginez une brise légère qui se transforme en bourrasque sur le plan physique. Le stress et l'anxiété peuvent se développer de cette manière, provoquant des maux de tête, des tensions musculaires, des palpitations cardiaques ou des sueurs froides.

Pensez à ces moments où votre cœur battait un peu plus rapidement et que votre front était couvert de sueur. Ou peut-être ces nuits où vous regardiez le plafond sans pouvoir dormir en raison d'une pensée anxieuse incessante.

Ces vents peuvent provoquer des vagues d'inquiétude et de nervosité, de l'irritabilité à la colère. Vous pouvez vous sentir en alerte et prêt à réagir à tout moment, comme un voilier naviguant dans une tempête.

L'anxiété et le stress peuvent modifier significativement notre comportement. Par exemple, nous pourrions commencer à éviter certaines situations ou lieux qui, auparavant, ne nous posaient aucun problème. Ce comportement d'évitement peut restreindre notre vie et nous faire sentir comme si nous étions coincés.

De plus, l'anxiété et le stress peuvent nous rendre plus impatients. Nous pourrions nous retrouver à réagir plus rapidement et de manière plus intense à de petites frustrations, ce qui peut affecter nos relations et notre bien-être émotionnel.

Chapitre 2 : Physiologie du stress

2.1 Les facteurs de stress dans la vie quotidienne

Imaginons la vie comme une promenade en plein air, une aventure à travers des forêts denses, des montagnes majestueuses et des vallées tranquilles. C'est une expérience magnifique, mais parfois, l'orage s'annonce sans crier gare. L'anxiété et le stress sont ces orages, alimentés par les nuages de notre quotidien.

Prenons le travail par exemple. Il est comme une montagne que nous devons gravir chaque jour. Les défis, les pressions, les attentes, c'est comme affronter des pentes abruptes, parfois sous des pluies torrentielles. Une réunion stressante, un délai serré, un collègue difficile, sont autant d'éclairs qui affectent notre paix intérieure.

Les relations interpersonnelles peuvent également être une source d'anxiété. Une dispute avec une personne qui vous est chère, le sentiment de solitude ou la difficulté à trouver sa place dans un groupe peuvent tous contribuer à des sentiments d'inquiétude et de stress. Les conflits non résolus, les malentendus ou les attentes non satisfaites dans les relations peuvent alimenter cette anxiété.

D'un autre côté, notre santé peut également être une source de stress et d'anxiété.

Les préoccupations concernant notre bien-être général, la gestion de maladies, ou la lutte contre des douleurs persistantes chroniques peuvent contribuer à augmenter notre niveau de stress. La peur de la maladie, l'incertitude sur un diagnostic ou la frustration face à une maladie récurrente peuvent provoquer de l'anxiété.

Cependant, ces événements troublants, aussi intimidants soient-ils, sont une partie naturelle de notre voyage. Ils sont là pour nous rappeler que nous sommes humains, capables de ressentir, de nous adapter et d'évoluer. Leur présence ne définit pas notre promenade, tout comme les orages ne définissent pas la beauté d'une forêt, d'une montagne ou d'un océan.

2.2 Comment le stress et l'anxiété peuvent se développer (hérédité, environnement)

L'anxiété et le stress prennent souvent racine dans notre patrimoine génétique, notre environnement et notre mode de vie.

Tout d'abord, la génétique joue un rôle dans notre réactivité au stress et à l'anxiété. Certaines personnes sont biologiquement plus sensibles à ces sentiments en raison de leur code génétique, souvent transmis de père en fille, d'après les dernières recherches scientifiques. Cependant, cela ne signifie pas qu'elles sont condamnées à vivre avec un niveau élevé de stress ou d'anxiété. Il existe de nombreuses stratégies pour gérer et atténuer ces sentiments.

Ensuite, notre environnement a également une influence majeure sur notre expérience du stress et de l'anxiété. Les expériences de vie, telles que les traumatismes ou les situations de stress répétées, peuvent exacerber ces sentiments.

Des environnements, comme un milieu de travail tendu ou une situation familiale difficile, participent tout particulièrement à développer une hypersensibilité au stress et à l'anxiété.

Sachez que nous avons tous la capacité de gérer notre stress et notre anxiété. En apprenant à reconnaître et à comprendre ces sentiments, nous pouvons aisément trouver des moyens de les apaiser afin de promouvoir notre bien-être personnel, même dans des situations difficiles.

2.3 Le rôle du cerveau et de la chimie corporelle dans l'anxiété et le stress

L'anxiété et le stress sont le résultat d'une série complexe de réactions biochimiques dans notre corps. Pour simplifier, lorsque nous sommes confrontés à une situation stressante, notre cerveau envoie des signaux à notre corps pour produire des hormones du stress, comme l'adrénaline et le cortisol.

Par exemple, si vous êtes en train de conduire et qu'une voiture débouche soudainement devant vous, votre cerveau détecte ce danger et déclenche la production d'adrénaline. Cette hormone prépare votre corps à réagir rapidement, accélérant votre rythme cardiaque et augmentant votre pression artérielle pour booster votre niveau d'alerte, en envoyant plus d'oxygène et de nutriments à vos muscles. C'est ce qu'on appelle la réaction de "combat ou de fuite", qui vous prépare à réagir rapidement à une menace.

De même, le cortisol, une autre hormone du stress, est libéré en réponse à une alerte. Il a pour fonction d'aider le corps à gérer les situations stressantes, perçues comme présentant un danger pour notre corps. Il peut augmenter votre niveau d'énergie, affaiblir votre système immunitaire en réduisant votre production de globules blancs, qui à terme, ne seront plus assez nombreux pour chasser efficacement les germes de notre corps.

Il va également ralentir les fonctions des organes non-essentiels, comme la digestion, afin de concentrer les ressources énergétiques, c'est-à-dire le glucose, en direction du cerveau afin que celui-ci dispose d'un maximum de ressources afin de réussir à surmonter cette situation d'alerte.

Cependant, lorsque le stress et l'anxiété sont chroniques, cela peut entraîner une surproduction de ces hormones, ce qui peut avoir des effets néfastes sur notre corps, comme l'insomnie, l'hypertension artérielle, l'anxiété et la dépression. Par conséquent, il est important de développer des stratégies pour gérer efficacement le stress et l'anxiété.

En réponse à une situation stressante ou menaçante, notre cerveau, agissant comme un coordinateur, met en marche une série de réactions. Des régions spécifiques du cerveau, notamment l'amygdale, fonctionnent comme les principaux déclencheurs de ces réactions, se mettant en alerte maximale pour être prête à faire face à la menace perçue.

Le cerveau déclenche alors la libération de certaines hormones, telles que l'adrénaline et le cortisol. Ces hormones provoquent une série de changements dans notre corps conçus pour nous préparer à réagir rapidement à la menace. Notre rythme cardiaque et notre pression sanguine augmentent pour fournir plus d'oxygène et de nutriments à nos muscles. Nos sens deviennent plus aigus, nous permettant de percevoir plus clairement les détails de notre environnement.

En même temps, ces hormones du stress augmentent notre capacité de concentration, nous permettant de nous concentrer entièrement sur la situation à gérer. Elles augmentent également notre force et notre endurance, nous préparant à lutter ou à fuir. De plus, elles peuvent même augmenter notre tolérance à la douleur, nous aidant à persévérer malgré les blessures potentielles.

Cette cascade de réactions, connue sous le nom de réaction de lutte ou de fuite, est une partie essentielle de notre instinct de survie. Cependant, lorsque cette réponse est déclenchée de manière chronique, elle peut avoir des effets néfastes sur notre santé, soulignant l'importance de gérer efficacement le stress et l'anxiété.

Mais que se passe-t-il quand notre corps ne cesse de réagir à des événements qu'il perçoit et interprète comme stressant de manière continue, même après que le danger soit passé ? C'est là que nous développons des phénomènes de stress chronique et d'anxiété. Notre corps, en mode d'alerte constant, peut se retrouver épuisé, et notre santé mentale peut en souffrir.

Chapitre 3 : Apaiser le Chaos

3.1 Techniques de relaxation

Lorsque nous nous retrouvons pris dans le tourbillon tumultueux du stress et de l'anxiété, il peut sembler presque impossible de retrouver la tranquillité. Il y a toutefois des méthodes qui peuvent nous aider à apaiser cette anxiété.

La technique de respiration profonde est un outil efficace pour apaiser l'agitation intérieure.

Elle se pratique en suivant ces étapes :

1) Inspirez lentement par le nez pendant environ cinq secondes, en remplissant vos poumons d'air frais.
2) Retenez votre respiration en comptant jusqu'à deux secondes.
3) Enfin, expirez doucement par la bouche pendant environ sept secondes.

Cette méthode permet d'augmenter votre saturation en oxygène dans le sang, et ainsi de vous libérer de toutes vos tensions et de votre stress intérieur. La répétition de ce cycle de respiration 5 à 8 fois peut vous aider à vous centrer dans l'instant présent, à ralentir votre rythme cardiaque et à apaiser votre esprit. La méditation, quant à elle, vous invite à profiter de l'instant présent. C'est un moment où nous pouvons mettre en pause le brouhaha de nos vies trépidantes et simplement être concentré sur soi.

Que vous choisissiez une méditation guidée, une méditation sur la pleine conscience ou tout autre forme de pratique méditative, l'objectif est de vous donner l'espace pour observer vos pensées et vos sentiments sans jugement, en créant une distance qui vous permet de répondre avec plus de sérénité et de clarté. Le yoga est également connu pour être une pratique efficace pour réduire le stress et l'anxiété. Il synchronise le corps et l'esprit à travers la respiration, le mouvement et la concentration.

En incorporant différentes postures, telles que la pose de l'enfant pour l'apaisement, la pose du guerrier pour la confiance, et la posture du cadavre pour la relaxation profonde, le yoga aide à libérer les tensions physiques et à encourager un sentiment de bien-être.

N'oubliez pas que ces techniques sont comme des outils dans votre boîte à outils de gestion du stress. Vous pouvez les essayer et voir lesquelles résonnent et fonctionnent le plus avec vous. La clé de la réussite est la pratique régulière, l'engagement à revenir aussi souvent que nécessaire à ces activités, encore et encore, même lorsque les eaux semblent tranquilles, pour vous assurer que vous êtes prêt lorsque les vagues se déchaîneront à nouveau.

3.2 Techniques cognitives

Lorsqu'on est stressé ou anxieux, nos pensées peuvent souvent sembler chaotiques et hors de contrôle, alimentant ainsi notre état d'agitation. Cependant, des stratégies existent pour nous aider à gérer ces pensées tumultueuses et à retrouver un sentiment de calme.

Tout d'abord, la thérapie cognitive comportementale (TCC) est l'une de ces approches. La TCC vous donne, en quelque sorte, le compas et la boussole dont vous avez besoin pour vous guider. Elle vous aide à identifier les pensées négatives qui peuvent alimenter votre anxiété, et vous propose des stratégies pour les défier et les remplacer par des pensées plus équilibrées et positives.

Par exemple, si vous avez une pensée comme "Je vais échouer à cet examen", la TCC vous encourage à la questionner : "Est-ce vraiment vrai ? Ai-je des preuves tangibles de cela ? Y a-t-il une autre façon de voir les choses ?".

C'est un processus qui requiert du temps et de la pratique, mais qui peut être, à terme, profondément transformateur.

La pratique du journaling est également très efficace dans la gestion du stress. Imaginez que vous tenez entre vos mains un livre vierge, prêt à recueillir vos pensées et vos sentiments.

En écrivant ce que vous ressentez, vous donnez à vos préoccupations une forme et une structure, les rendant moins effrayantes et plus gérables.

C'est aussi un espace pour explorer de nouvelles perspectives d'avenir, pour imaginer des solutions, pour vous rappeler vos forces et vos réussites.

La réévaluation cognitive est une technique qui consiste à repenser la façon dont nous interprétons les situations stressantes. Par exemple, disons que vous avez fait une erreur dans un projet au travail.

Votre première réaction pourrait être de vous critiquer sévèrement, ce qui pourrait augmenter davantage votre stress. Cependant, en utilisant la réévaluation cognitive, vous pourriez réfléchir à cette situation sous un autre angle.

Au lieu de vous concentrer uniquement sur cette erreur, vous pourriez plutôt décider de vous focaliser sur les aspects du projet que vous avez préalablement bien gérés. Vous pourriez considérer cette erreur comme une occasion d'apprendre et de vous améliorer.

Ainsi, vous êtes capable de transformer une source de stress en une expérience d'apprentissage positive et bénéfique.

Comme pour tout outil, l'efficacité de ces techniques réside dans leur utilisation régulière. Alors, prenez le temps de les essayer, de les adapter à vos besoins et de les intégrer à votre routine quotidienne.

Peu à peu, vous découvrirez que vous êtes de plus en plus capable de naviguer dans les eaux tumultueuses du stress et de l'anxiété avec une plus grande confiance et une plus grande tranquillité d'esprit.

3.3 Les avantages de l'exercice et d'une alimentation saine pour gérer le stress et l'anxiété

L'exercice physique accompagné d'une alimentation saine peuvent sembler être des remèdes simples, presque trop simples, à des problèmes aussi complexes que le stress et l'anxiété. Et pourtant, ne sous-estimons pas le pouvoir de ces deux piliers fondamentaux pour notre bien-être. Leur influence s'étend bien au-delà de notre santé physique, touchant également notre santé mentale de manière profonde et durable.

Lorsque vous vous engagez dans une activité physique, que ce soit une marche tranquille dans un parc, une séance de yoga douce, ou un entraînement cardio plus intense, votre corps libère des endorphines, ces neurotransmetteurs qui sont souvent appelés les "hormones du bonheur". Ces endorphines agissent comme des analgésiques naturels, apaisant non seulement la tension musculaire, mais aussi les turbulences de l'esprit.

De plus, l'exercice peut être une forme de méditation en mouvement, un moment pour être pleinement présent à l'écoute de vos sensations corporelles, pour vous éloigner de vos préoccupations et pour vous reconnecter avec vous-même.

Imaginez que vous êtes en train de courir. Chaque pas que vous faites, chaque respiration que vous prenez, est une affirmation de votre force et de votre capacité de résilience. Chaque goutte de sueur représente à la libération d'une partie de stress et d'anxiété.

Prenez donc le temps d'intégrer l'exercice et une alimentation saine dans votre routine quotidienne.

Il n'est pas nécessaire de faire des changements radicaux : commencez petit, avec des objectifs réalistes et atteignables. C'est ainsi, d'après les dernières études scientifiques, que vous aurez les meilleures chances d'ancrer des habitudes dans le long terme, et d'atteindre effectivement vos objectifs.

Vous pourriez, par exemple, prendre l'habitude de faire une courte promenade après le dîner, ou de remplacer les collations sucrées par des fruits frais.

Peu à peu, vous découvrirez les bienfaits de ces pratiques sur votre stress et votre anxiété, et vous vous sentirez plus en harmonie avec vous-même et avec le monde qui vous entoure.

Chapitre 4 : Équilibre et Harmonie

4.1 L'importance de maintenir un équilibre travail-vie personnelle pour gérer le stress

Avec notre réalité d'aujourd'hui, le concept d'équilibre travail-vie personnelle est devenu une priorité pour de nombreuses personnes. L'idée est simple : il s'agit de trouver un juste milieu entre les exigences professionnelles et les besoins personnels. Cependant, atteindre cet équilibre peut être un défi, d'autant plus que le stress est souvent un facteur qui vient perturber cette harmonie recherchée.

Imaginez une balance.

D'un côté, il y a vos responsabilités professionnelles : les réunions, les projets, les délais serrés. De l'autre côté, il y a votre vie personnelle : votre famille, vos relations, vos passe-temps, votre santé physique et mentale. Si l'un de ces aspects pèse plus lourd que l'autre, la balance s'incline et votre équilibre est rompu. Par exemple, si vous consacrez la majorité de votre temps et de votre énergie à votre travail, il est probable que votre vie personnelle en souffre, générant du stress et de l'insatisfaction. Prenons le cas de Marc, un cadre dans une grande entreprise. Marc travaille de longues heures, ne prenant que peu de temps pour lui. Au fil du temps, Marc ressent une tension constante, a du mal à dormir et se sent globalement épuisé. Son médecin lui explique que ces symptômes sont typiques d'un stress chronique, exacerbé par un déséquilibre travail-vie personnelle. Marc prend conscience de la nécessité de changer ses habitudes. Marc commence par établir des limites claires. Il se fixe des horaires de travail raisonnables et s'engage à ne pas consulter ses courriels professionnels en dehors de ces heures. Ensuite, il fait de l'exercice régulièrement, se promenant chaque soir, 30 minutes, après le travail. Il s'accorde aussi du temps pour lui-même, pour lire, écouter de la musique, et passe plus de temps avec ses 2 filles. Ces changements lui permettent non seulement de réduire son niveau de stress, mais aussi de se sentir plus épanoui et satisfait de sa vie de famille. Cet exemple illustre l'importance de l'équilibre travail-vie personnelle dans la gestion du stress. Se souvenir que le travail n'est qu'un aspect de la vie et que d'autres domaines méritent également notre attention est crucial pour maintenir cet équilibre et favoriser notre bien-être. Alors, examinez votre balance.

Quels ajustements pouvez-vous faire pour mieux équilibrer votre travail et votre vie personnelle ?

4.2 L'importance du sommeil et des techniques pour améliorer la qualité du sommeil

Dans notre quête d'un équilibre sain et d'une gestion efficace du stress et de l'anxiété, l'importance du sommeil ne peut être sous-estimée.

Le sommeil est une fonction biologique fondamentale qui nous permet de nous reposer, de nous régénérer et de maintenir notre santé mentale et physique. Sans un sommeil suffisant et de qualité, nos capacités à gérer le stress et l'anxiété peuvent être gravement affectées.

Imaginons le cas d'Emma, une artiste indépendante. Elle a souvent du mal à trouver le sommeil, se réveille fréquemment pendant la nuit et se sent fatiguée pendant la journée.

Elle remarque aussi qu'elle est plus anxieuse et a du mal à se concentrer sur son travail. Emma comprend qu'elle a besoin d'améliorer la qualité de son sommeil pour mieux gérer son anxiété et ses courants de pensées constants.

Pour y parvenir, Emma met en place une routine de sommeil régulière. Elle se couche et se réveille à des heures fixes, même le week-end, pour réguler son horloge biologique interne. Elle s'assure aussi que son environnement de sommeil est propice au repos : une chambre calme, sombre et à une température confortable.

Elle a aussi introduit des rituels apaisants avant le coucher, comme lire un livre ou prendre une douche chaude relaxante, pour préparer son corps et son esprit au sommeil. Elle tâche également d'éviter la caféine et les écrans lumineux avant le coucher, qui peuvent interférer avec son cycle de sommeil.

Enfin, elle pratique des techniques de relaxation, comme la respiration profonde ou la méditation guidée, pour l'aider à s'endormir plus facilement.

Ces changements lui ont permis d'améliorer considérablement la qualité de son sommeil. Elle se sent plus reposée, plus alerte pendant la journée et a remarqué une diminution de son niveau d'anxiété.

Comme Emma, chacun de nous doit reconnaître l'importance du sommeil. Le sommeil, un allié clé pour la santé physique et mentale, aide à contrôler le stress et l'anxiété.

Dormir au moins 8 heures par nuit est une bonne pratique. Il est aussi bénéfique de dormir avant 23 heures, pour respecter notre rythme biologique naturel.

Avoir un horaire de sommeil régulier, c'est-à-dire se coucher et se lever à la même heure chaque jour, améliore la qualité du sommeil.

Enfin, le sommeil ne sert pas qu'à se reposer. Il recharge notre corps et notre esprit, renforce notre système immunitaire, solidifie notre mémoire et régule notre humeur. En faisant du sommeil une priorité, cela nous permet d'être mieux armé pour faire face au stress et à l'anxiété.

4.3 L'importance de la connexion sociale et du soutien dans la gestion de l'anxiété et du stress

L'interaction sociale est extrêmement importante pour l'être humain. Si vous vous sentez isolé ou stressé, envisagez d'élargir votre réseau social. Vous pourriez rejoindre des groupes communautaires, des clubs ou des organisations qui partagent vos centres d'intérêts. Cette implication peut favoriser de nouvelles amitiés et vous aider à vous sentir moins seul.

N'oubliez pas non plus l'importance des connexions que vous avez déjà. Passez du temps de qualité avec vos proches, que ce soit en personne ou par des appels réguliers. Ces interactions peuvent servir de rappel précieux que vous n'êtes pas seul et peuvent offrir un soutien émotionnel.

Si le stress et l'anxiété deviennent accablants, n'hésitez pas à chercher du soutien chez un professionnel. Les thérapeutes et conseillers sont formés pour vous aider à développer des stratégies d'adaptation efficaces et personnalisées à vos situations.

Ces conseils sont illustrés par l'histoire de Lucas. Confronté à l'isolement social et au stress lié à son travail, Lucas a fait un effort conscient pour renforcer ses liens sociaux. En rejoignant des clubs locaux, en passant plus de temps avec ses amis et sa famille, et en recherchant un soutien professionnel, il a réussi à réduire son stress et son anxiété.

Le chemin pour gérer le stress et l'anxiété est certes un challenge personnel, mais il ne devrait pas être surmonté seul. Chaque pas que vous faites, que ce soit en prenant soin de vous, en pratiquant l'autocompassion, en cherchant un équilibre ou en renforçant vos connexions sociales, vous rapproche de la paix intérieure. Gardez l'espoir, même dans les moments les plus sombres. Vous avez en vous le potentiel de canaliser efficacement votre stress et votre anxiété, et de vivre une vie plus équilibrée et harmonieuse.

Livre 4 : Langage corporel : PNL, TCC, Psychologie Noire et Manipulation

Chapitre 1 : Introduction au langage corporel

1.1 Définition et importance du langage corporel

Le langage corporel, un phénomène connu de tous depuis toujours, est une forme de communication non verbale qui utilise des mouvements corporels et des expressions faciales pour exprimer des émotions, des intentions et des idées. Contrairement au langage verbal qui utilise des mots pour transmettre des messages, le langage corporel se manifeste à travers le regard, la posture, les gestes de la main, les expressions du visage, le ton de la voix, et même le rythme de notre respiration.

Prenons un exemple simple : lorsque quelqu'un croise les bras sur la poitrine, cela peut indiquer qu'il adopte une position défensive, fermée ou peu réceptive à ce qui se passe autour de lui. Cependant, le contexte joue également un rôle important. Si la pièce est froide, la même posture peut simplement signifier que la personne à froid.

Il est important de comprendre et de prêter attention au langage corporel pour plusieurs raisons. Tout d'abord, une grande partie de la communication est non verbale. En fait, certains experts estiment que jusqu'à 70 % de notre communication est non verbale. Cela signifie que si nous ne faisons pas attention au langage corporel, nous pourrions manquer une grande partie du message que quelqu'un essaie de transmettre.

Deuxièmement, le langage corporel est universel dans une certaine mesure. Bien que certaines expressions et gestes puissent varier d'une culture à l'autre, beaucoup d'entre eux, comme le sourire pour exprimer la joie ou le froncement des sourcils pour exprimer la contrariété, sont universels.

Enfin, la maîtrise du langage corporel peut nous aider dans plusieurs aspects de notre vie. Dans le domaine professionnel, par exemple, comprendre le langage corporel peut nous aider lors des entretiens d'embauche ou des réunions importantes pour tenter de décrypter les intentions de nos interlocuteurs et ainsi adapter notre comportement en conséquence.

Le langage corporel est alors un outil efficace et précieux à maîtriser et à perfectionner. À mesure que nous apprenons à décoder ses nuances, nous sommes mieux préparés pour gérer les subtilités de la communication humaine.

1.2 Les différents types de langage corporel

Nous pouvons diviser le langage corporel en trois grands types : les expressions faciales, les postures et les gestes.

Les expressions faciales

Notre visage est souvent le premier indicateur de nos émotions et sentiments. Nous utilisons nos expressions faciales pour exprimer une gamme d'émotions allant de la joie à la tristesse, de la colère à la surprise, et plus encore.

Par exemple, lorsqu'on est heureux, notre visage s'illumine naturellement : les yeux s'élargissent, le sourire apparaît, et même les sourcils peuvent se lever légèrement. À l'inverse, quand on est triste, les coins de la bouche tombent, les yeux peuvent se remplir de larmes, et le visage dans son ensemble semble "tomber".

Les postures

La façon dont nous nous tenons et nous déplaçons donne également de nombreux indices sur notre état d'esprit.

Une personne qui se tient droite, qui marche avec assurance et qui occupe de l'espace est souvent perçue comme étant confiante et assurée. À l'inverse, une personne qui se tient courbée, qui évite le contact visuel et qui se fait toute petite peut être perçue comme timide, anxieuse ou peu sûre d'elle. Il est intéressant de noter que notre posture n'affecte pas seulement la façon dont les autres nous perçoivent, mais aussi la façon dont nous nous percevons nous-mêmes. Les recherches ont montré que l'adoption de postures "d'assurance" peut réellement nous aider à nous sentir plus confiants.

Les gestes

Enfin, nos gestes - les mouvements que nous faisons avec nos mains, nos bras et d'autres parties de notre corps - jouent également un rôle important dans la communication non verbale. Prenons l'exemple d'un signe de la main qui peut signifier un salut amical, tandis qu'un poing fermé peut signaler de la colère ou de la défiance. Toutefois, il est important de noter que la signification des gestes peut varier d'une culture à l'autre. Par exemple, le signe de la victoire avec l'index et le majeur est considéré comme un geste positif dans de nombreuses cultures occidentales, mais peut être offensant dans certaines cultures orientales. Comprendre ces différents types de langage corporel peut nous aider à mieux comprendre les autres et à communiquer plus efficacement. En prêtant attention à ces détails subtils, nous pouvons en apprendre beaucoup sur ce que les gens ressentent vraiment, souvent plus que ce qu'ils sont prêts à exprimer verbalement.

1.3 Comprendre le contexte du langage corporel

Le langage corporel, aussi révélateur qu'il puisse être, ne doit pas être interprété isolément. Il est crucial de comprendre le contexte dans lequel il se produit. Sans le contexte, nous risquons de mal interpréter les signaux non verbaux, ce qui peut conduire à des malentendus.

Le contexte environnemental : Il s'agit de l'endroit et du moment où la communication non verbale a lieu. Par exemple, comme développé précédemment, une personne qui croise les bras dans une pièce froide n'exprime pas nécessairement de la défensive ou du rejet, elle peut simplement avoir froid. De même, quelqu'un qui évite le contact visuel lors d'une conversation n'est pas nécessairement mal à l'aise avec le sujet ou avec vous, il peut tout simplement être fatigué après une longue journée de travail.

Le contexte culturel

Les comportements non verbaux peuvent avoir des significations différentes selon les cultures. Le contact visuel prolongé quant à lui, peut être interprété comme un signe de confiance dans certaines cultures occidentales, alors qu'il peut être considéré comme impoli ou même agressif dans certaines cultures orientales. De même, certains gestes de la main peuvent avoir des significations différentes, voire opposées, dans différentes cultures.

Le contexte relationnel

C'est la relation entre les communicants qui influence également l'interprétation du langage corporel, les gestes qui découlent de notre manière d'interagir doivent être adaptés en tenant compte du contexte, notamment, de nos liens et notre niveau de familiarité auprès des personnes avec lesquelles nous interagissons. Une tape sur l'épaule entre de bons amis peut être un geste d'affection, alors que la même action entre de simples connaissances peut être perçue comme intrusive ou inappropriée.

Le contexte conversationnel

Les signaux non verbaux doivent être considérés en parallèle avec le contenu verbal de la conversation.

Lorsque, par exemple, quelqu'un dit "je vais bien" tout en évitant le contact visuel et en montrant des signes de tension, il y a de fortes chances que cette personne ne se sente pas aussi bien qu'elle le prétend. En somme, comprendre le langage corporel est essentiel dans son contexte global. En examinant l'ensemble du tableau, nous pouvons vraiment comprendre ce que les autres essaient de nous dire au-delà de leurs mots.

Chapitre 2 : Comment le langage corporel révèle nos émotions et intentions

2.1 Langage corporel et émotions

Le langage corporel est une forme de communication non verbale qui peut révéler une mine d'informations sur nos émotions et nos sentiments. Même sans prononcer un mot, notre corps exprime constamment ce que nous ressentons.

Reprenons pour illustrer ces propos, l'exemple des émotions, par exemple la joie. Lorsqu'une personne est vraiment heureuse, son visage s'illumine souvent. Ses yeux brillent, et un sourire authentique, appelé le "sourire Duchenne", se forme, caractérisé par l'élévation des coins de la bouche et l'apparition de petites rides autour des yeux. Son corps se redresse, ses mouvements sont vifs et énergiques, et elle peut même rire ou sauter de joie.

La tristesse, en revanche, a un effet totalement différent sur notre corps. Une personne triste peut avoir les épaules tombantes, la tête baissée et le regard fixe. Elle peut éviter le contact visuel, parler doucement ou ne pas parler du tout. Un sourire triste ou forcé, qui ne soulève que les coins de la bouche sans affecter les yeux, peut aussi être un indicateur de tristesse.

La colère se manifeste également de manière spécifique dans notre langage corporel. Les sourcils froncés, les yeux plissés, la bouche serrée, les poings fermés, les épaules tendues et une posture droite et imposante sont autant de signes courants de colère. La personne peut aussi parler plus fort, plus rapidement et de manière plus agressive.

La peur provoque également des réponses corporelles distinctes. Les yeux écarquillés, les pupilles dilatées, les sourcils levés, le corps recroquevillé et tremblant, et la respiration rapide sont des signes communs de peur. Une personne effrayée peut aussi chercher à éviter le danger en s'éloignant ou en se cachant.

Ces exemples démontrent comment nos émotions peuvent se refléter dans notre langage corporel. Cependant, il est important de se rappeler que l'interprétation du langage corporel dépend du contexte, et que chaque personne peut exprimer ses émotions différemment.

Apprendre à lire correctement le langage corporel peut grandement améliorer notre compréhension des autres et de leurs sentiments.

2.2 Langage corporel et intentions

Il est fascinant de constater à quel point nos corps peuvent trahir nos intentions, même lorsque nos paroles essaient de les dissimuler. Que nous soyons conscients ou non de ces signaux, notre corps communique constamment notre état d'esprit et nos objectifs aux personnes qui nous entourent.

Prenons par exemple l'intention d'intimider ou de dominer. Une personne qui cherche à imposer son autorité ou son contrôle utilise souvent un langage corporel expansif. Elle peut se tenir droit, les épaules en arrière et la tête haute, occuper beaucoup d'espace ou se rapprocher physiquement de l'autre personne. Elle peut fixer intensément son interlocuteur ou utiliser des gestes larges et affirmés.

À l'opposé, une personne qui souhaite éviter un conflit ou qui se sent inférieure peut se faire plus petite, se recroqueviller, éviter le contact visuel, parler doucement, et adopter une posture fermée, comme croiser les bras ou les jambes. Ces signaux corporels peuvent indiquer une intention de se soumettre ou de se retirer.

L'attraction ou l'intérêt romantique a aussi des signaux corporels spécifiques. Les personnes attirées l'une par l'autre peuvent maintenir un contact visuel prolongé, se pencher l'une vers l'autre, se toucher légèrement et sourire souvent. Elles peuvent également imiter inconsciemment les gestes et postures de l'autre, un phénomène connu sous le nom de "mirroring" ou mimétisme.

Enfin, lorsqu'une personne a l'intention de tromper ou de mentir, elle peut exhiber des signaux corporels tels que l'évitement du contact visuel, le toucher du visage, l'agitation, le changement de la posture et le contrôle excessif des mouvements. Cependant, il faut faire preuve de prudence lors de la lecture de ces signaux, car ils peuvent également être causés par la nervosité ou le malaise, et ne sont pas nécessairement indicatifs de tromperie.

Ces exemples illustrent comment le langage corporel peut révéler nos intentions. Toutefois, il est crucial de rappeler que la lecture du langage corporel n'est pas une science exacte et doit toujours être combinée avec d'autres indices contextuels pour obtenir une interprétation précise. La sensibilité et l'empathie sont également essentielles lors de l'interprétation du langage corporel des autres.

2.3 L'importance de la congruence dans le langage corporel

L'importance de la congruence dans le langage corporel est immense et elle joue un rôle crucial dans la communication efficace. La congruence se réfère à l'alignement et à la cohérence entre ce que nous disons (notre discours verbal) et ce que nous montrons (notre langage corporel). Lorsque nos mots sont en harmonie avec notre langage corporel, notre message est clair et convaincant. Cependant, lorsque ces deux éléments sont en désaccord, cela peut semer la confusion et le doute.

Prenons plutôt un exemple. Imaginez une réunion d'équipe où un responsable annonce que le projet sur lequel tout le monde travaille est sur la bonne voie et qu'il n'y a aucune raison de s'inquiéter. Cependant, pendant qu'il parle, il évite le contact visuel, se frotte le cou, se tord les mains et a une voix tremblante. Même s'il dit que tout va bien, son langage corporel indique clairement qu'il est stressé ou inquiet. Ici, il y a une incongruence entre ses paroles et son langage corporel, ce qui peut semer le doute et l'inquiétude parmi les membres de l'équipe.

La congruence dans le langage corporel est également essentielle dans les interactions sociales. Imaginez une personne qui prétend être heureuse de voir quelqu'un, mais son visage est sans expression et son ton de voix est plat. Cela peut donner l'impression qu'elle n'est pas sincère, ce qui peut endommager la relation.

D'autre part, lorsque notre langage corporel est congruent avec nos paroles, nous sommes perçus comme plus authentiques, dignes de confiance et convaincants. Par exemple, si vous dites à quelqu'un que vous êtes ravi de le rencontrer en souriant largement et en lui serrant chaleureusement la main, cette personne est plus susceptible de croire à votre enthousiasme.

Dans l'ensemble, comprendre et prêter attention à la congruence du langage corporel peut nous aider à devenir de meilleurs communicateurs, à construire des relations plus solides et à naviguer plus efficacement dans le monde débordant d'opportunités d'interactions sociales.

Chapitre 3 : PNL et le langage corporel

3.1 Introduction à la PNL

La Programmation Neuro-Linguistique (PNL) est une méthode de communication, de développement personnel et de psychothérapie. Née dans les années 1970, elle est le fruit du travail de Richard Bandler et John Grinder. Leur but était de modéliser les comportements réussis, que ce soit dans le domaine de la thérapie, de la communication ou de la gestion, pour pouvoir les reproduire.

La PNL est basée sur l'idée que nos pensées, nos sentiments et nos comportements sont le produit de modèles appris ou programmés dans notre cerveau et dans notre système nerveux. En modifiant ces modèles ou programmes, nous pouvons changer la façon dont nous pensons, ressentons et nous comportons.

Pour illustrer la PNL, prenons l'exemple de Marie, une femme qui a peur des avions. Sa peur est basée sur une certaine programmation de son cerveau : peut-être a-t-elle eu une mauvaise expérience lors d'un vol quand elle était plus jeune, ou a-t-elle vu des images d'accidents d'avion à la télévision qui l'ont marqué. À chaque fois qu'elle pense à voler, cette programmation est activée et elle ressent de l'anxiété. Un praticien de la PNL travaillerait avec Marie pour changer cette programmation, en utilisant une variété de techniques pour lui permettre de réagir différemment à la pensée de voler.

Le résultat pourrait être que Marie ressent moins d'anxiété en pensant à l'aviation, ou même qu'elle commence à l'apprécier.

La PNL n'est pas seulement utilisée pour résoudre des problèmes ou surmonter des défis. Elle peut aussi être un outil puissant pour réaliser ses ambitions et atteindre ses objectifs. Par exemple, un entrepreneur pourrait avoir recours à la PNL pour développer sa confiance en lui, améliorer ses compétences en communication et se motiver à atteindre ses objectifs d'affaires.

3.2 Comment la PNL utilise le langage corporel

La Programmation Neuro-Linguistique (PNL) accorde une grande importance au langage corporel, considérant qu'il est une extension essentielle de notre communication et de notre personnalité. En fait, selon certains chercheurs en PNL, environ 55 % de notre communication se fait par le langage corporel, également appelé le non-verbal, ce qui en fait un domaine d'importance majeure.

Dans la PNL, l'observation et l'interprétation du langage corporel sont essentielles pour comprendre l'état émotionnel d'une personne et ses processus de pensée internes.

En observant attentivement, un praticien de la PNL peut obtenir de précieux indices sur la façon dont une personne ressent ou pense à propos d'une situation particulière.

Pour illustrer, considérons quelqu'un en entretien d'embauche pour un poste de directeur des ressources humaines. Si cette personne est assise, droite, maintient un contact visuel constant et confiant, qu’elle parle avec une voix claire et assurée, alors cela peut indiquer qu'elle est confiante et engagée. En revanche, si la personne évite le contact visuel, se tord les mains, ou parle avec une voix tremblante, cela peut suggérer qu'elle est nerveuse ou incertaine.

Dans le premier cas, le fait que la personne puisse mettre en avant ses qualités non-verbales lui procure un avantage majeur par rapport à quelqu’un qui ne les possède pas.

La PNL va plus loin et examine même les mouvements oculaires. Selon la théorie de la PNL, le mouvement des yeux peut indiquer le type de pensée en cours. Par exemple, des yeux qui regardent vers le haut peuvent indiquer une pensée visuelle, tandis que des yeux qui regardent sur les côtés peuvent indiquer une pensée auditive.

En plus de l'observation, la PNL utilise le langage corporel de manière active et délibérée pour influencer la communication. Cela peut se faire par le biais du "mirroring" ou de l'imitation, où le praticien de la PNL reflète le langage corporel de l'autre personne pour établir un rapport et une connexion plus profonds. Par exemple, si la personne avec qui vous parlez croise les bras, vous pouvez faire de même pour établir une connexion inconsciente.

Un autre aspect clé de l'utilisation de la PNL est l'ancrage, une technique où un certain geste ou toucher est associé à un état d'esprit positif. Par exemple, un coach peut associer le fait de presser le pouce et l'index ensemble à un sentiment de confiance ou de calme. Après répétition, la simple action de presser le pouce et l'index peut évoquer ce sentiment.

En somme, la PNL utilise le langage corporel de manière à la fois passive et active. Elle sert à comprendre l'état émotionnel et mental des autres, à établir un rapport, et à influencer les états internes, rendant le langage corporel à la fois un outil d'observation et un moyen de communication.

3.3 Techniques de PNL pour améliorer le langage corporel

La Programmation Neuro-Linguistique (PNL) offre de nombreuses techniques pour améliorer le langage corporel et améliorer l'efficacité de la communication.

Voici quelques techniques couramment utilisées :

Ancrage

Cette technique associe un geste physique à un état émotionnel positif. Par exemple, un coach de PNL peut enseigner à un client comment serrer son poing lorsqu'il ressent un fort sentiment de confiance ou de réussite. Avec le temps et la répétition, le client peut être capable d'invoquer, de manière volontaire, cet état émotionnel en répétant simplement le geste.

Mirroring (Mimétisme)

Le mirroring, évoqué précédemment, consiste à refléter subtilement le langage corporel, la posture, les expressions faciales, ou même le ton de voix de la personne avec qui vous interagissez. Le but est d'établir une meilleure connexion et une meilleure compréhension. Il est important de noter que le mirroring doit être discret et respectueux, plutôt qu'une imitation grossière.

Matching (Assortiment)

Le matching est similaire au mirroring, mais il est moins direct. Plutôt que de copier exactement le langage corporel de l'autre personne, vous adoptez un comportement similaire. Par exemple, si la personne avec qui vous parlez utilise beaucoup de gestes de la main, vous pourriez aussi incorporer davantage de gestes de la main dans votre communication.

Calibrage

Cette technique implique l'observation attentive du langage corporel d'une personne dans différents contextes et états émotionnels. L'objectif est de comprendre comment cette personne exprime spécifiquement différentes émotions à travers son langage corporel. Une fois calibré, vous pouvez mieux comprendre l'état émotionnel de cette personne simplement en observant son langage corporel.

Leading (Conduite)

Une fois que vous avez établi un rapport avec quelqu'un par le mirroring et le matching, vous pouvez essayer de "conduire". Cela signifie changer subtilement votre propre langage corporel pour voir si l'autre personne vous suit. Si elle le fait, cela indique un haut niveau de rapport et de connexion.

Ces techniques de PNL, lorsqu'elles sont utilisées avec respect et intention, peuvent améliorer significativement votre communication et votre interaction avec les autres. Elles peuvent vous aider à établir de meilleurs rapports, à comprendre plus profondément les autres, et à influencer positivement les interactions.

Chapitre 4 : TCC et modification des comportements par le langage corporel

4.1 Introduction à la TCC

La Thérapie Cognitive Comportementale (TCC) est une forme de psychothérapie qui s'attache à aider les individus à comprendre et à changer les pensées et les comportements négatifs qui peuvent conduire à des problèmes émotionnels, psychologiques et physiques. Elle est basée sur l'idée que nos pensées influencent nos sentiments et nos comportements, et non l'inverse.

La TCC se distingue des autres formes de psychothérapie par son approche pratique et orientée vers la résolution de problèmes. Plutôt que de se concentrer sur le passé et les causes sous-jacentes des problèmes d'un individu, la TCC se concentre sur l'identification et la modification des schémas de pensée négatifs et des comportements destructeurs dans le présent.

Par exemple, si quelqu'un a des pensées négatives persistantes comme "je ne suis pas bon dans mon travail", cela peut conduire à des sentiments d'insécurité et de dépression, qui à leur tour peuvent conduire à des comportements comme l'évitement des tâches ou l'absentéisme au travail. La TCC aiderait cette personne à identifier ces pensées négatives, à les défier et à les remplacer par des pensées plus positives et réalistes, ce qui peut à son tour améliorer les sentiments et les comportements.

Sachez que la TCC ne se limite pas à traiter les problèmes de santé mentale comme la dépression ou l'anxiété. Elle peut également être utile pour aider les individus à gérer le stress, à améliorer les relations, à développer des compétences en gestion de la colère, et même à modifier le comportement corporel.

Dans le contexte du langage corporel, la TCC peut aider les individus à prendre conscience de la façon dont leur langage corporel peut influencer leurs pensées et leurs sentiments, et à travailler sur des stratégies pour modifier ce comportement corporel de manière à améliorer leur communication et leur bien-être général.

4.2 Comment la TCC peut aider à modifier le langage corporel

La Thérapie Cognitive Comportementale (TCC) offre un ensemble d'outils pratiques, et faciles à mettre en place, afin de nous aider à modifier notre langage corporel, en s'appuyant sur l'idée que nos comportements, y compris nos comportements non verbaux, sont étroitement liés à nos pensées et à nos sentiments.

Un aspect clé de la TCC est l'accent mis sur la prise de conscience. Cela commence par observer et identifier nos propres comportements non verbaux.

Par exemple, nous pourrions constater que lorsque nous nous sentons nerveux, nous avons tendance à nous renfermer, à croiser les bras et à éviter le contact visuel. Cette prise de conscience est la première étape pour apporter des changements positifs.

Une fois que nous avons identifié ces comportements, la prochaine étape de la TCC est de comprendre comment nos pensées et nos sentiments influencent ces comportements. Reprenant notre exemple, nous pourrions réaliser que notre tendance à nous fermer provient de pensées anxieuses comme "Je vais dire quelque chose de stupide" ou "Les autres me jugent".

La dernière étape consiste à travailler à remplacer ces comportements par des comportements plus positifs et constructifs.

Dans notre exemple, cela pourrait impliquer des exercices pour s’exercer à la prise de parole en public avec un langage corporel ouvert et confiant, ou des exercices de relaxation pour aider à réduire l'anxiété avant les interactions sociales.

La modification du langage corporel grâce à la TCC n'est pas une solution rapide et sans effort. C'est un processus qui demande du temps et de la pratique afin d'être bien maîtrisé. Cependant, avec de la patience et de la pratique, la TCC peut offrir des outils efficaces pour améliorer la communication non verbale et, en fin de compte, renforcer la confiance en soi.

4.3 Techniques de TCC pour le changement comportemental

La Thérapie Cognitive Comportementale (TCC) est un moyen extrêmement efficace pour modifier le comportement, y compris le langage corporel, grâce à un certain nombre de techniques et d'approches. Voici quelques-unes des techniques les plus couramment utilisées.

L'auto-observation

L'auto-observation est une technique qui offre une perspective unique et précieuse sur notre comportement. Elle consiste à porter une attention consciente à nos propres actions, nos mouvements, et même nos pensées dans différents contextes. Au cœur de cette méthode, il s'agit de développer une conscience aiguisée de nos comportements non verbaux, qui ont souvent tendance à échapper à notre perception consciente. L'auto-observation peut nous aider à identifier des schémas comportementaux, des réactions automatiques, ou des habitudes que nous pourrions vouloir changer.

Une des approches les plus efficaces de l'auto-observation peut être de tenir un journal régulièrement. Il s'agit d'annoter scrupuleusement vos comportements et réactions dans différentes situations au cours de votre journée.

Par exemple, comment votre corps réagit-il lors d'une discussion tendue ? Quelle posture adoptez-vous lors d'une réunion de travail ? Quels gestes utilisez-vous le plus souvent dans vos interactions sociales ? Un journal permet de consigner ces observations, d'analyser les tendances et d'établir des corrélations entre vos comportements non verbaux et vos émotions ou vos pensées, et ainsi, corriger et améliorer certains points identifiés.

Le remodelage cognitif

Le remodelage cognitif est une technique efficace, largement utilisée en thérapie cognitive comportementale, qui vise à reconnaître, défier et finalement changer les pensées négatives ou destructrices. Souvent, notre comportement est le produit direct de nos pensées, y compris celles qui sont ancrées et fonctionnent de manière quasi-automatique.

Nous avons tous ce petit côté autodestructeur en nous. Par exemple, nous pouvons nourrir l'idée que nous ne sommes pas dignes d'intérêt, ce qui peut nous faire nous replier sur nous-mêmes dans les situations sociales par peur du jugement ou du rejet.

L'objectif du remodelage cognitif est de déconstruire ces schémas de pensée négatifs et de les remplacer par des pensées plus positives et plus équilibrées. Pour reprendre l'exemple précédent, si vous avez tendance à vous replier sur vous-même par peur du jugement, le remodelage cognitif vous aiderait à reconnaître cette pensée négative et à la confronter. Vous pouvez commencer à remettre en question la véracité de cette pensée en vous demandant : "Ai-je des preuves réelles que les gens me jugent négativement ?".

Ensuite, vous pouvez travailler à remplacer cette pensée négative par quelque chose de plus positif et réaliste, comme "Je suis une personne intéressante et les autres veulent entendre ce que j'ai à dire". Avec le temps, cette nouvelle pensée peut devenir votre réflexe automatique, modifiant ainsi votre comportement dans les situations sociales. Le remodelage cognitif est un processus dynamique, souvent difficile, mais avec la pratique, il peut conduire à une transformation significative de notre comportement et de notre bien-être global.

La désensibilisation systématique

La désensibilisation systématique est une méthode de thérapie comportementale conçue pour aider les individus à gérer et à surmonter les réactions négatives qui peuvent être déclenchées par certaines situations ou personnes.

Cette technique est souvent utilisée pour traiter les phobies et les troubles anxieux, mais elle peut également être efficace pour gérer un comportement non verbal indésirable.

Elle repose sur le principe de l'exposition progressive, c'est-à-dire que vous vous exposez progressivement et systématiquement à la situation ou à la personne qui déclenche votre réaction négative, tout en apprenant à maintenir un état de relaxation.

Par exemple, si vous vous sentez anxieux lorsque vous parlez en public, et que cette anxiété se manifeste par des signes de langage corporel négatifs comme un regard fuyant ou des gestes nerveux, la désensibilisation systématique pourrait être une approche efficace.

Il vous suffira alors de commencer par visualiser une situation de prise de parole en public tout en pratiquant des techniques de relaxation, comme la respiration profonde développée plus tôt dans cet ouvrage.

Progressivement, vous pourriez augmenter l'intensité de l'exposition.

Par exemple en pratiquant la prise de parole devant un petit groupe d'amis ou de collègues de confiance. Au fur et à mesure que votre confort s'accroît, vous pouvez vous exposer à des situations de plus en plus exigeantes, comme parler devant un grand auditoire. Le but de cette technique est d'apprendre à votre corps et à votre esprit à rester détendus et confiants dans des situations qui étaient auparavant stressantes, modifiant ainsi votre langage corporel dans ces situations.

Le renforcement positif

Le renforcement positif est une technique de modification du comportement bien établie qui trouve ses racines dans la théorie du conditionnement opérant.

Fondamentalement, il s'agit d'ajouter quelque chose d'agréable ou de désirable à une situation pour augmenter la probabilité que le comportement souhaité se répète. Cette technique est souvent utilisée dans divers domaines, de l'éducation à la formation des animaux, en passant par la psychothérapie. Dans le contexte du langage corporel, le renforcement positif peut être un moyen efficace de renforcer et de pérenniser les changements de comportement.

Si vous travaillez sur le maintien du contact visuel dans vos interactions sociales, par exemple, une technique de renforcement positif pourrait être d'associer ce comportement à une récompense.

Cela peut être quelque chose de petit et immédiat, comme prendre une pause-café après une longue conversation où vous avez réussi à maintenir un contact visuel constant. Ou cela pourrait être quelque chose de plus substantiel, comme vous offrir une sortie ou un repas que vous appréciez si vous réussissez à maintenir un bon niveau de maintien du contact visuel tout au long de la semaine. Le choix de la récompense dépendra de ce qui est motivant et réalisable pour vous.

L'idée est d'associer le comportement désiré à quelque chose d'agréable, afin de renforcer ce comportement et de le rendre plus naturel et automatique avec le temps.

Le modelage

Le modelage, ou l'apprentissage par observation, est une technique de changement de comportement basée sur l'idée que nous apprenons et adoptons de nouveaux comportements en observant les actions des autres.

Ce concept est ancré dans la théorie de l'apprentissage social et a été largement étudié dans le contexte de la psychologie. Dans le contexte du langage corporel, le modelage peut être une méthode précieuse pour apprendre et incorporer des comportements non verbaux positifs dans notre propre répertoire.

Pour mettre en pratique la technique de modelage, vous pouvez commencer par identifier les personnes dont le langage corporel vous impressionne - cela pourrait être un collègue, un ami, une personnalité publique ou même un personnage de film ou de télévision.

Observez attentivement comment elles se tiennent, comment elles se déplacent, comment elles interagissent avec les autres.

Faites attention aux détails, tels que la façon dont elles maintiennent le contact visuel ou utilisent leurs mains lorsqu'elles parlent.

Après avoir observé ces comportements, l'étape suivante consiste à pratiquer leur imitation.

Cela peut se faire en toute sécurité dans le confort de votre propre maison avant de les essayer dans des situations sociales réelles. Souvenez-vous que l'objectif n'est pas de copier exactement quelqu'un d'autre, mais plutôt de trouver des aspects de leur langage corporel qui vous semblent authentiques et confortables, et qui peuvent vous aider à améliorer votre propre communication non verbale.

Toutes ces techniques exigent de la pratique et de la patience. Cependant, avec le temps, elles peuvent conduire à des changements significatifs dans le langage corporel et la confiance en soi.

Chapitre 5 : Dans l'Antre de la Manipulation : Psychologie Noire et Techniques de Manipulation

5.1 Introduction à la psychologie noire

La psychologie noire, aussi parfois appelée psychologie obscure, se penche sur les aspects plus sombres et souvent manipulatoires de la psychologie humaine.

Elle explore les façons dont les gens peuvent utiliser la connaissance du comportement humain pour influencer, contrôler ou manipuler les autres.

Tout d'abord, il est important de noter que la psychologie noire n'est pas en soi malveillante.

Comme tous les outils psychologiques, son utilisation peut

être positive ou négative, selon les intentions de la personne qui l'utilise. En comprenant ces techniques, nous pouvons mieux nous protéger contre elles et les utiliser de manière éthique lorsque cela est approprié.

L'un des aspects les plus courants de la psychologie noire est l'utilisation de la manipulation. La manipulation est une façon de contrôler indirectement le comportement ou les actions d'une personne à son insu.

Les manipulateurs peuvent utiliser diverses tactiques, comme la culpabilité, la peur, la flatterie, ou même l'instabilité émotionnelle pour influencer la façon dont une personne pense, se sent et agit.

Prenons un exemple simple. Imaginez que vous ayez un ami qui a toujours besoin de votre aide pour ses problèmes personnels. Chaque fois que vous essayez de mettre des limites, il devient très émotionnel et vous fait sentir coupable. Vous finissez par lui donner plus de temps et d'énergie que vous ne le voudriez.

C'est une forme de manipulation, utilisant la culpabilité pour contrôler votre comportement.

Un autre exemple est la persuasion subliminale, une technique utilisée en publicité et en marketing pour influencer les décisions d'achat des consommateurs. Les publicités peuvent utiliser des images, des sons ou des mots subtils pour évoquer certaines émotions ou associations qui incitent les consommateurs à acheter un produit ou un service, et ainsi, à tirer profit à leur avantage de ces leviers de persuasion psychologique.

La psychologie noire s'étend également à des techniques plus sombres et plus dangereuses, comme la coercition, le gaslighting, et même le lavage de cerveau. Ces techniques sont souvent utilisées dans des situations de pouvoir et de contrôle, comme les sectes, les relations abusives, et parfois même les gouvernements.

Il est important de comprendre que ces techniques de manipulation ne sont pas toujours évidentes à mettre en place. En fait, les manipulateurs habiles sont souvent très subtils, rendant leurs actions difficiles à identifier. C'est pourquoi il est crucial de comprendre les bases de la psychologie noire et de rester vigilant dans nos interactions avec les autres.

5.2 Comment le langage corporel est utilisé dans la manipulation

Le langage corporel joue un rôle crucial dans la manipulation. Les manipulateurs habiles utilisent souvent leur langage corporel, consciemment ou inconsciemment, pour influencer et contrôler les autres.
Voici comment cela peut se produire :

Imitation

L'imitation, ou le miroir, est une technique couramment utilisée dans la manipulation. Elle implique de copier les gestes, les expressions faciales et les comportements d'une autre personne pour créer un sentiment de familiarité et de confiance.

Par exemple, si quelqu'un croise les bras, le manipulateur pourrait faire de même. Cette synchronisation peut faire sentir à la personne qu'elle est en phase avec le manipulateur, ouvrant la voie à une influence plus grande.

Contact visuel

Un manipulateur peut utiliser le contact visuel de manière stratégique pour contrôler une situation. Un contact visuel prolongé peut être intimidant et faire sentir à une personne qu'elle est sous pression ou qu'elle doit se conformer. Inversement, éviter le contact visuel peut donner l'impression d'être soumis ou non menaçant, incitant la personne à baisser sa garde.

Toucher

Le toucher peut être un outil de manipulation puissant. Une légère tape sur l'épaule, un câlin réconfortant ou une poignée de main ferme peuvent tous créer un sentiment de connexion et de confiance. Cependant, utilisés de manière inappropriée, ils peuvent également créer un sentiment de malaise ou de confusion, déstabilisant la personne et la rendant plus susceptible à l'influence.

Contrôle de l'espace

Les manipulateurs peuvent utiliser leur présence physique pour contrôler une situation. Ils peuvent se tenir très près pour intimider, ou prendre plus d'espace pour afficher leur dominance. Inversement, ils peuvent également se retirer ou se faire petits pour sembler non menaçants. Ces techniques ne sont pas en soi mauvaises. Comme tout outil, elles peuvent être utilisées de manière positive ou négative, selon les intentions de la personne qui les utilise. L'important est de rester vigilant et d'apprendre à reconnaître ces signaux pour se protéger contre la manipulation potentielle.

5.3 Techniques de manipulation et comment les reconnaître

Comprendre les techniques de manipulation peut nous aider à rester vigilants et à nous protéger contre leur utilisation malintentionnée.

Voici quelques techniques courantes de manipulation et comment les identifier :

Le Love Bombing

Cette technique implique un flot constant d'attention, de compliments et d'affection pour submerger la personne et la faire se sentir spéciale. Cependant, cette attention excessive peut être utilisée pour contrôler et influencer. Si vous remarquez une affection et une attention soudaine et intense qui semble trop belles pour être vraie, vous pourriez être victime de "Love Bombing".

La culpabilisation

Les manipulateurs sont souvent experts dans l'art de faire sentir aux autres qu'ils sont responsables de leurs propres sentiments ou problèmes. Si vous vous retrouvez constamment à vous sentir coupable sans raison apparente, vous pourriez être victime de manipulation.

La technique du pied-dans-la-porte

C'est une technique où le manipulateur demande d'abord quelque chose de petit. Une fois que vous avez accepté, ils vous demandent alors quelque chose de plus grand. Si vous vous sentez constamment sous pression pour donner plus après avoir déjà accepté de faire quelque chose, vous pourriez être victime de cette technique.

La technique du "Yes Ladder" (ou "escalier du oui")

Cette technique implique de poser une série de questions auxquelles la réponse est probablement "oui", créant un modèle de conformité. Puis, une demande plus importante est faite, avec l'espoir que la personne dira "oui" par habitude.

Le gaslighting

C'est une technique de manipulation mentale où le manipulateur tente de faire douter la personne de sa propre perception ou de sa mémoire. Cela peut prendre la forme de nier des événements qui se sont produits ou de discréditer les sentiments de la personne.

Ces techniques peuvent être subtiles et difficiles à repérer. Il est important de faire confiance à votre intuition et à vos sentiments. Si quelque chose ne semble pas correct, prenez du recul et évaluez la situation. La connaissance de ces techniques est une première étape essentielle pour se protéger contre les habiles manipulateurs.

En conclusion, rappelez-vous que la manipulation, bien qu'elle ait souvent une connotation négative, n'est pas toujours mal intentionnée ou destructrice. Elle peut parfois être un outil puissant pour influencer positivement les comportements, comme encourager quelqu'un à adopter un mode de vie plus sain, ou convaincre un client des avantages d'un produit ou d'un service. L'essentiel est d'utiliser ces techniques avec intégrité et respect. Cependant, soyez conscient de la ligne fine qui sépare l'influence positive de la manipulation destructrice.

Si vous vous sentez mal à l'aise, si vous avez l'impression que vos limites sont constamment repoussées ou que vous êtes contrôlé contre votre volonté, faites confiance à votre intuition. Votre "petite voix" intérieure est souvent votre meilleure conseillère.

La manipulation est une réalité dans notre société, que ce soit dans la vente, la politique, les relations personnelles ou même l'auto-persuasion. Comprendre comment elle fonctionne peut nous aider à devenir des consommateurs, des citoyens et des individus plus éclairés.

Mais au-delà de cela, cette connaissance peut également nous aider à communiquer plus efficacement, à comprendre et à respecter les limites des autres et à construire des relations plus saines et authentiques.

Dans cette partie dédiée au langage corporel, la PNL, la TCC, la psychologie noire et la manipulation, nous avons développé des stratégies utiles pour mieux comprendre les interactions humaines. Avec ces connaissances, nous pouvons non seulement protéger notre bien-être, mais aussi enrichir nos communications et nos relations. Avec une compréhension approfondie et une utilisation éthique de ces outils, nous pouvons aider à créer un monde où les interactions humaines sont basées sur le respect, l'empathie et l'intégrité. Il s'agit d'un espoir tangible et réalisable, et il commence par chacun de nous.

Souvenez-vous que la connaissance est le pouvoir, et l'application éthique de cette connaissance est le véritable test de notre humanité. Nous vous souhaitons de naviguer avec succès dans le monde complexe de l'interaction humaine, armé des outils que vous avez acquis dans ce livre. Bonne chance dans vos futures interactions et communications !

Nous arrivons maintenant au terme de cet ouvrage. J'espère que le contenu de celui-ci vous aura intéressé et surtout vous aidera dans votre développement personnel.

Si vous avez acheté cet ouvrage en ligne, je serai ravi que vous laissiez un avis, et enthousiaste à l'idée de lire votre feedback.

Dans la même série, n'hésitez pas à aller consulter les ouvrages complémentaires sur :

www.book2grow.com

À bientôt !

PAUL

www.ingramcontent.com/pod-product-compliance
Lightning Source LLC
La Vergne TN
LVHW041213150826
845673LV00001B/380

* 9 7 8 2 9 5 8 9 9 5 1 3 3 *